KRAFT / NAUJOK · OSTPREUSSEN

ADAM KRAFT / RUDOLF NAUJOK

OSTPREUSSEN

MIT WESTPREUSSEN / DANZIG UND MEMEL

Ein Bildwerk der unvergessenen Heimat

mit 220 Aufnahmen

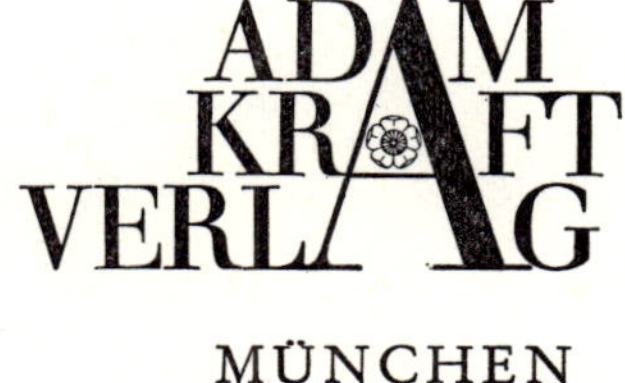

ADAM KRAFT VERLAG

MÜNCHEN

ISBN 3-8083-1022-7

13.—17. Tausend

Druck: Kunst- und Verlagsdruckerei Robert Abt GmbH, Neu-Ulm
Klischee: Heinrich Igler, Landshut
Umschlagentwurf: H. Holzing

LAND ZWISCHEN WEICHSEL UND MEMEL

Von Rudolf Naujok

I

Das Bild der Heimat im Osten zwischen Weichsel und Memel — welch einen wunderbaren Rahmen bilden die beiden eigenwilligen Ströme — wie soll man es in seiner ganzen Fülle umfassen? Soll man informieren, berichten oder einfach erzählen? Wie soll man denjenigen etwas geben, die in dem Lande geboren sind, und zugleich diejenigen fesseln, die es nie betreten haben?

Beginnen wir mit dem dunklen Himmel Kants, in dem die Sterne gleichwohl heller leuchten in winterlicher Nacht als sonst irgendwo und so zum Gleichnis für einen jenseitigen Bezug werden. Der gestirnte Himmel und das moralische Gesetz, zu dem auch die Pflicht gehört, sind zwei weit voneinander liegende Begriffe, aber seit Kant sie als Einheit sah und formulierte, gehören sie zusammen und formen nicht nur östliches Schicksal, sondern deutsches allgemein, und das im Guten wie im Bösen.

Zum Himmel gehört der Wind, und der Wind ist etwas, das wir lieben. Er kann hier in einer eigenwilligen Freiheit über die unendliche östliche Weite ziehen, ohne daß sich ihm Gebirgskämme in den Weg stellen. Er kann die Ströme aufwühlen und in den vollen Kronen der hohen Sturmweiden rauschen, das Schilf wiegen, das Gras kämmen, die weißen Segel der Kähne auf den Seen und den Haffen mit seiner prallen Kraft erfüllen und die weißgekrönten Wellen der Ostsee — des schönsten aller Ferienmeere — in ewigem Rauschen an die Dünenwälle werfen. Er schläft selten und vermittelt den Eindruck des Beweglichen, des Reinen und des Frischen. Sein Rauschen kann man als ein großes Epos empfinden, und vielleicht liegt hier der Urbeginn der Dichtung, der Musik, der Frömmigkeit, des Grauens und der Angst.

Nicht zum wenigsten trägt er die weißen Sommerwolken auf seinen unsichtbaren Schultern. Wie träge Kähne ziehen sie am Himmelsmeer und spiegeln sich in dem Blau der vielen Seen. Gelassen wandeln sie sich zu Bildern der Phantasie, zu Bauten und Gestalten der Märchen und Sagen. Die Himmlischen sind immer auf dem Wege und halten ihre Hand über dem Land: Seeland, Handelsland, Hansaland, offenes Land bis zu den Wäldern der Grenze. Die Horizonte sind weit, und die Sonnenuntergänge ebenso farbengesättigt wie schmerzvoll.

Nichts hindert uns, mit den Wolken zu ziehen und auf dieser Traumfahrt, die aber doch alles Wirkliche und Schicksalhafte einbezieht, etwas vom Wesen dieses Landes zu erfahren. Wie sie brauchen wir uns nicht von den Grenzen aufhalten zu lassen, von den vielfachen Wandlungen und politischen Verschiebungen der Jahrhunderte, insbesondere der letzten Jahrzehnte. Betrachten wir das, was uns innerlich berührt und durch Geschichte und Leistung zu uns gehört, unabhängig von dem, was inzwischen geschehen ist.

Ostpreußen war vor dem Ersten Weltkrieg ein Land, das man nicht außerhalb der Welt zu suchen brauchte. Man hätte wohl schon mit der bloßen Andeutung einer derartigen Möglichkeit außerordentliches Befremden erregt. Gewiß lag es auch im Bewußtsein des Durchschnittsdeutschen etwas am Rande, immerhin war es in einigen Bahnstunden für jeden erreichbar.

Nach dem Ersten Weltkrieg geschah es, daß Ostpreußen vor dem Blick der Deutschen wie hinter einer Nebelwand entschwand. Die Konturen waren eben nur noch erkennbar. Die nördliche Spitze, das Memelland, war abgebröckelt, und auch in der Südostecke um Soldau herum fehlten einige Abrundungen. Die Städte von Thorn bis Dirschau fielen an den polnischen Korridor, und Danzig blieb in Form einer Freien Stadt noch in einer losen Verbindung mit der alten Heimat. Ostpreußen war zur Insel geworden, zu einer Insel mitten im Lande. Man sprach, um den Inselcharakter zu unterstreichen, von einer slawischen Flut, die es rings umbrande.

Gleichwohl führten zwei Schienenstränge über Schneidemühl und Posen den Reisenden, wenn auch durch verlorenes Land, so doch wohlbehalten auf diese kuriose Insel. Und wie Inseln den Strom der Sommergäste immer anzulocken pflegen, so wurde Ostpreußen ein beliebtes Reiseziel, nicht nur für Deutsche, sondern auch für Ausländer. Ein wahrer Zauber ging von den Begriffen „Kurische Nehrung" — „Masuren" — „Samland" aus.

Reizvoller als eine Zugfahrt war die Benutzung des Ostseebäderdienstes. Gern erinnern wir uns der schönen Fahrten auf den Schiffen „Preußen" und „Hansestadt Danzig", die wie zwei weiße Schwäne von Swinemünde aus in die blaue, sommerliche Ostsee stießen. Man stand an Deck, fütterte die Möwen und schaute auf die lange Dünenküste Pommerns, auf den Zoppoter Hafen und Gdingen, derweil die Sonne des Tags und die Sterne des Nachts sich im Wasser spiegelten. Man sah die niedrigen Dächer Pillaus und, wenn man weiterreiste, die Steilküste des Samlandes, die Dünen der Kurischen Nehrung und schließlich den Memeler Hafen mit den Molen und den weißen Petroleumtanks. Aber noch weiter stießen die Dampfer nach Norden hinauf, in das Land der kurzen Sommernächte, nach Finnland; denn Grenzen waren damals, trotz allem, eher Brücken als eiserne Vorhänge oder gar Mauern. Man erkennt das erst rückschauend.

Dies alles ist nach dem Zweiten Weltkrieg anders geworden. Nicht nur, daß die beiden Ostseedampfer in der Tiefe des Meeres ruhen, sondern auch die Insel Ostpreußen scheint wie ein sagenhaftes Vineta untergegangen zu sein. Man hört, man liest, man erfährt kaum etwas von ihr.

Die wenigen, denen es in jüngster Zeit besuchsweise gelingt, die alte Heimat wiederzusehen, finden ein gewandeltes, völlig fremdes Land, und viele bedauern, daß sie sich nicht mit dem Bilde, das sie im Herzen trugen, begnügt haben.

So scheint es, als führe nur noch ein verläßlicher Kahn auf diese Insel: die Erinnerung. Es ist kein Kahn mit dem stolzen Kurenwimpel, sondern ein schmales Boot des Traumes und der Phantasie. Die Älteren trägt es noch, aber für die Jugend wird es mehr und mehr zu einer Eisscholle, die unter den Füßen zu zerschmelzen droht.

Wir stehen an der Weichsel. Von dem Mauerwerk der alten Ruine Dybow, die auf hohem Steilufer liegt, schauen wir nach Thorn hinüber, dem der mittelalterliche Volksmund den Namen „Königin der Weichsel" gab. Zwei Brücken spannen sich über den Strom, unter ihnen rauscht das Wasser strudelnd und kreiselnd in das alte Preußenland. Alle Namen rufen Vergangenes wach, Thorn und Bromberg, Schwetz und Kulm, das hohe Graudenz, das alte ruinenversponnene Mewe, die stolze Marienburg, Dirschau und Marienwerder und die ganze herrliche grüne Weite am Ostseestrand, diese Wiege der Völker, aus der Danzig mit seinen Türmen und Kirchen und seinem geschichtlichen und weltweiten Mythos uns ernst anblickt. Zwei Landschaften sind es, die der Strom zu umschließen scheint. Zunächst die Landschaft, die sichtbar vor unseren Augen liegt, das ganze weite Stromtal mit seinen hohen Bäumen, seinen Burgen und Ruinen, mit seinen stillen, behaglichen Dörfern und den Weiden, auf denen das Vieh grast.

Aber da ist auch eine klare Landschaft der Geschichte, die sich seltsam mit jener ersten mischt und ihr Glanz und Ruhm verleiht. Wir sehen die ersten Ritter des Deutschen Ordens an den Strom reiten und hinüberspähen in das Land, das sie im Auftrage der Päpste und des christlichen Abendlandes, nicht zuletzt gerufen durch den polnischen Herzog Konrad von Masovien, zum Christentum bekehren sollen. Sieben Ritter waren es, so karg fing es an.

Der Ort, da ein neuer Geschichtsabschnitt für den Osten eingeleitet wurde, war Thorn. Man spürt den Geist des Ordens um Kirche und Burg und die Atmosphäre mittelalterlichen deutschen Bürgertums in den Straßen mit den schönen alten Giebelhäusern. Das Rathaus, das mit seinem wehrhaften Turm die roten Dächer der Stadt überragt, steht als burgartiges Viereck wuchtig und schmucklos vor uns. Eine schlichte Gedenktafel berichtet: „Bürgermeister Gottfried Rösner und elf Bürger Thorns starben am 7. Dezember 1724, getreu bis in den Tod." Das war das Thorner Blutgericht, eine Tragödie aus völkischem und religiösem Haß. Nicht nur jene Männer wurden enthauptet, sondern auch die Kirchen sehen aus, als ob man ihnen in Kriegszeiten die Türme herabgeschossen hätte. Da ist die Johanneskirche, die Jakobskirche am Markt mit einem schönen Chorgiebel und einer sehr reichen Barockkultur im Innern und die Marienkirche, die statt des Turmes ein dürftiges Ersatzdach trägt. Ihrem großen Sohn Nikolaus Kopernikus hat die Stadt vor dem Rathaus ein Denkmal errichtet. Er steht da mit der Weltkugel in der linken Hand, und wir lesen: „Der die Erde sich bewegen, Sonne und Mond stillstehen hieß." So Gewaltiges ging von hier aus. Das Ordensschloß ist nur zum Teil erhalten, die Stadtmauern bröckeln und geben neuem Leben Raum. Der Artushof und die reichen Giebelhäuser erzählen aus der Zeit, da Thorn der Umschlagplatz für Holz und Getreide aus Polen war und als Hansestadt zeitweise mehr Bedeutung als Danzig besaß. Die Erinnerung an Gustav Freytag und seine „Ahnen" geistert ein wenig durch die Straßen, die vom Alter gedunkelt sind. Plötzlich denkt man auch an die Thorner Pfefferkuchen und an die Genüsse der Kinderzeit, an Weihnachten und die Steinpflasterrollen, die man auf dem Jahrmarkt erstehen konnte. Die alten Chroniken berichten, daß man in dieser Gegend trotz des rauhen Klimas noch einen guten Wein gekeltert habe.

Johannes Trojan, der beliebte Kinderliederdichter vergangener Jahrzehnte, schreibt in seinen Erinnerungen, es müsse ein Vergnügen sein, hier zu wohnen.

Vor dem Ersten Weltkrieg sammelten sich in Thorn die Holzflößer aus dem Inneren Rußlands, die sogenannten Flissaken, um mit ihren großen Holztriften den Strom hinabzusegeln. Sie wohnten in Strauchbuden auf den Flößen und waren ein recht romantisches Geschlecht, nicht nur durch ihre bunten Flicken, sondern vor allem durch ihre schwermütigen Lieder, die sie am Abend über den Strom erschallen ließen. Es war keine Kleinigkeit, den Tücken des Stromes zu widerstehen und an Sandbänken und Buhnen bei der reißenden Strömung vorbeizukommen.

An der Brahe, nicht weit vom charakteristischen Weichselknie, grüßen die roten Dächer und Türme Brombergs, einer sauberen, modernen Stadt. Die ersten Besiedler, wie auch in Thorn, waren Westfalen. Die Verwandtschaft hinderte sie jedoch nicht, sich gegenseitig die Frachtschiffe auf der Weichsel zu rauben.

Wir sehen von der Uferstraße dem Leben und Treiben auf den Schiffen gern zu. Die Schiffer rauchen wie überall auf der Welt ihre Pfeifen. Die Frauen sitzen am Steuer und stricken, und hinter den kleinen Kajütenfenstern mit den sauberen Spitzengardinen sieht man ab und zu einen blonden Kinderschopf. Die Kähne haben weite Wege durch den Bromberger Kanal zur Netze, zur Oder und bis nach Berlin hin.

Weiter rollt die Weichsel. Nichts hält sie auf, nicht das kleine Brahemünde, nicht die Brückenpfeiler von Fordon, nicht das alte prußische Raubnest Wischegrod, das sich den Ordensrittern einst tapfer entgegenstellte. Alte Wälder blauen in der Ferne und ziehen sich durch tiefe Schluchten, urwaldhaft und naß, bis an das Ufer hin. Wilder Hopfen umrankt die Riesenstämme der Eichen und Pappeln, Brombeergesträuch durchzieht den Waldgrund. Die ganze Landschaft in ihrem üppigen Grün scheint von der gewaltigen Kraft des Stromes gespeist, der unterirdisch alles durchblutet.

Plötzlich erheben sich auf dem Rande des Ufers die Türme Kulms wie stumme Wächter. Diese Stadt gab dem weiteren Osten das kulmische Recht, sie spielt im Auf und Ab der Ordensgeschichte, auch in der Tragödie mit den verräterischen Landjunkern des Eidechsenbundes, eine große Rolle. Frei steht das kleine weiße Rathaus, das wie eine jüngere Schwester des Posener Rathauses anmutet, auf seinem Platz. In dieser kleinen Stadt stand die Wiege von Hermann Löns, der wußte, was der Rabe ruft und was die Eule singt, und er erzählt in seinen Erinnerungen, daß der polnische Hausbesitzer seinem Vater drei Monatsmieten geschenkt habe, weil durch seine Geburt ein alter Zauber, in diesem Hause könnten keine Kinder geboren werden, gebrochen worden war.

Ähnlich wie Kulm liegt auch Stadt und Festung Graudenz auf hohem Weichselufer. Malerisch kleben die kleinen Häuser unten an der Burgmauer, beschützt von den gewaltigen Bögen der Weichselbrücke. Man denkt an den alten Courbière, den die Franzosen 1806 mit der Bemerkung zur Übergabe aufforderten, es gäbe keinen König von Preußen mehr. Ihnen antwortete er stolz: „So gibt es doch noch einen König von Graudenz!" Im Garten der Kommandantur liegt das Grab dieses vorbildlichen Preußen aus französischem Blut. Wir sehen das helle Rathaus mit dem schlanken Zwiebelturm, den massigen Bau der Nikolauskirche und den alten Bergfried des ehemaligen Ordensschlosses, der von einem bewaldeten Hügel herübergrüßt. Auf den Wällen hat Friedrich der Große mit seinem Krückstock Bauanweisungen für die Festung gegeben, und in den dunklen Kasematten verlebte Fritz Reuter seine „Festungstid". Er hat Graudenz und seinem wohlwollenden Kommandanten in diesem schönen Volksbuch eine trotz allem gute Erinnerung bewahrt.

IV

Parallel zum Strom laufen Nebenströme, sogenannte tote Arme, die sich häufig zu verschilften Teichen erweitern. Grünes Entenflott, weiße Seerosen und die öligen Blätter der Mummeln ruhen still auf dem dunklen Wasser. Die Frauen auf den Feldern tragen Tücher, der Wind flattert in ihren Röcken, wie er auch mit den Netzen spielt, welche die Fischer vor den Häusern aufgehängt haben. Man sieht manche Dörfer auf diese Weise wie hinter Schleiern, gleichsam im Bildschnitt des Geheimnisvollen.

Im Herbst wird der Wind fester, die Kähne sind beladen mit den Früchten der Felder, mit Heu, Gemüse und Kartoffeln, es riecht nach Wasser und Teer. Möwen wiegen sich schon auf der Flut, und an den Ufern bilden sich Wasserlachen vom Regen. Es dauert dann nicht mehr lange, bis der Schnee die weite Ebene zudeckt. Der große Strom ist plötzlich verschwunden, als sei er zu einem schlafenden Feld geworden. Schlitten läuten die Uferzeilen auf und ab, und die Brücken sind als Übergang fast überflüssig geworden, hätten sie nicht die rollenden Züge zu tragen. Bläulich schimmert das Schneelicht über der Weite, und die funkelnde Wintersonne entzündet in den Fenstern der Dörfer und Städte ein kurzes Feuerwerk, ehe sie scheidet.

Die Märzsonne brennt Löcher in die Stromdecke und macht das Eis morsch. Eines Tages, oder meistens in der Nacht erwacht der Strom wie aus langem Schlaf. Es knallt und donnert urwelthaft in ihm, und der Schall des aufspringenden Eises rollt dumpf und donnernd über die Weichsellandschaft, als wäre eine Schlacht im Gange. Das Grollen wandert deutlich nach Norden zum Meere hin.

Das Wasser quillt wie aus unsichtbaren Fontänen zwischen den Rissen des Eises hervor. Mächtige Schollen heben sich, von unsichtbarer Hand getragen, schütteln sich wie erwachende riesenhafte Tiere und sinken zertrümmert auf das Wasserfeld.

Fast gleichzeitig mit dem Eisgang stürzt das Hochwasser über die Niederung, aber die hohen Weichseldeiche halten. Alle sind von Mannschaften besetzt, und an den gefährdeten Stellen liegen Berge von Sandsäcken bereit. Der Deichhauptmann reitet mit ernstem Gesicht durch die von vielen Laternen erleuchtete Nacht. Viele Dichter der Landschaft erzählen von ihm, denn die Dämonie dieses elementaren Aufbruches zwingt sie zur Gestaltung. Da war ein Deichhauptmann, der sich von seinem Kartenspiel nicht rechtzeitig trennen konnte und darüber die Eiswache vergaß. Seine Leute riefen: „Herr Deichhauptmann, dat Woater, dat stiggt!", aber er nahm das von der leichten Seite. Als er sich dann doch auf sein Pferd schwang, stürzten die Wassermassen schon Tod und Verderben bringend in das fruchtbare Werder. In seiner Verzweiflung gab er seinem Pferd die Sporen und sprang in die brausende Tiefe hinunter.

9

Es ist vieles an dieser Geschichte, was an Storms „Schimmelreiter" erinnert, und vielleicht ist das auch kein Zufall; denn die Besiedlung des Weichselmündungslandes ist zum großen Teil aus niederdeutschem Raum erfolgt.

Es kommt ein neuer Frühling im Wechsel des Jahres, die Weidenbüsche wuchern wieder, und die Wiesen werden bunt von Sumpfdotterblumen, Lichtnelken, Wiesenschaumkraut und Wollgras und dem ganzen Heer der schlanken Wiesengräser. Die Frösche quaken unentwegt, und die Nachtigallen schlagen in den Weichselbüschen.

V

Viele Dichter haben den Weichselstrom besungen, wie könnte es anders sein? Greifen wir zu Franz Lüdtke und seinem „Spätherbstlied", das etwas Wesentliches von der Stimmung dieser Landschaft einfängt:

> „Hastig, ein stürmischer Reiter, die graue Wolke flieht,
> Längs der dämmernden Ufer ein Schwarm von Krähen zieht.
>
> Kalt über Wiesen und Moore schleift der Abendwind,
> Schäumend um Schilf und Buhnen die dunkelnde Weichsel rinnt.
>
> Einsam auf steilen Stegen wandern wir Hand in Hand,
> Schreiten über die Äcker wie durch des Lebens Land.
>
> Tragen im Herzen beide tief ernste Ruh,
> Feierlich wallt der Strom der ewigen Heimat zu."

Ewige Heimat ist etwas, das man in diesem Lande zwischen gotischen Kirchen und Backsteinburgen des Ordens deutlich empfindet. Die mittelalterliche Frömmigkeit umfing das Himmlische wie das Irdische in Staat, Kultur und Wirtschaft in gleicher Hingabe. Muttergottesbilder hier und da, Marienwerder, Marienburg und als Höhepunkt St. Marien in Danzig, das alles ist nicht allein religiöse Hingabe, sondern ein dynamisches Lebensgefühl, das seine Kraft in die feinsten Adern alles Wollens und Gestaltens hineintrug. Man könnte von steingewordenem Gottesgefühl sprechen, in das sich auf seltsam lebendige Art ein unübersehbarer Hauch der Geschichte mischt, die das Odium des Tragischen und Episodenhaften trägt, und zwar für beide Völker, die um diesen Raum ringen, für die Deutschen und für die Polen. Vielleicht sollte das allzu rasch Wechselbare und Zerstückelte und Aufgeteilte ihres Schicksals zumindest ein gegenseitiges Verstehen anbahnen.

Das rechte Weichselufer scheint schon in alter Zeit dem Hochwasser nicht so stark ausgeliefert gewesen zu sein, denn es ist stärker besiedelt. Marienwerder hat in dem Dom und der Burg mit dem Dansker seine profilierten Wahrzeichen gefunden. Hoch schauen sie über die Häuser hinweg in das flache Wiesenland, in das fruchtbare Werder, hinüber bis zur Schwesterstadt Marienburg, die ebenso das Glück hatte, nach dem Ersten Weltkrieg bei Deutschland zu bleiben, während rings alle Städte des Weichsellandes dem Reich verlorengingen. Hier ist die Montauer Spitze, die Dreiländerecke, wo ein Stein mit der Inschrift „Traité de Versailles" an die neuen Verhältnisse erinnert. Das Westpreußenkreuz auf dem Weißen Berg mit der

Inschrift „Westpreußen dem unteilbaren deutschen Weichselland" darf dann als Gegenthese bezeichnet werden.

In einer Kapelle am Dom zu Marienwerder liegt Otto Friedrich von der Groeben begraben, der in Ostpreußen seine Kindheit verlebte und später die erste brandenburgische Flotte des Großen Kurfürsten nach Afrika begleitete. Er hat die abenteuerlichen Epochen seines Lebens in mehreren interessanten Büchern dargestellt.

Mächtig erhebt sich aus dem Werder das Schloß Marienburg an der Nogat. Schon von weitem erschaut der Reisende seine Türme und Zinnen, und die glasierten Steine auf den Dächern funkeln und gleißen in der Sonne. Mit Ehrfurcht nähert man sich diesem Ort, von dem alle Kraftströme des mittelalterlichen Ordensstaates ausgingen. Das große Muttergottesbild, aus buntem Mosaik auf Goldgrund gewirkt, schaut weit nach Osten. Über eine alte Zugbrücke, deren Bohlen wohl schon oft erneuert wurden, betreten wir den viereckigen Burghof, steigen zum Mittel- und Hochschloß empor und stehen schließlich in dem prächtigsten Gewölbe der Burg, dem Remter, dessen schlanke Säulen das hohe Sterngewölbe tragen.

Im kleinen Remter, dessen Decke eine einzige Mittelsäule trägt, denkt man an die vielen Geschichten und Sagen, die sich mit der Burg verbinden. Wie zum Beispiel die Polen bei einer Belagerung eine Steinkugel gegen diesen Pfeiler schossen, um den Orden, dessen Marschälle hier versammelt waren, mit einem Schlage durch den Einsturz der Gewölbe seiner Führung zu berauben. Der Stein steckt noch im Pfeiler. Unten in der Gruft St. Annen schlafen die Hochmeister. Die Wirtschaftsbücher des Ordens sind noch da, aber das eigentlich Lebendige, der Hauch des Wirklichen ist fort. Zu gegensätzlich waren die Schicksale dieser Burg von 1276, ihrer Gründung an, bald Residenz eines außergewöhnlich blühenden und reichen Staates, bald nur Pferdestall, wie in der polnischen Zeit, bald ganz vergessen, bis Eichendorff seine Stimme erhob. Und doch ist sie ein überzeitliches, unsterbliches Denkmal für die mittelalterliche deutsche Geschichte und für den Osten, bis heute fortwirkend, irgendwie schmerzlich und beunruhigend.

Von den Hochmeistern sind Winrich von Kniprode und Heinrich von Plauen, über den Ernst Wichert einen Roman schrieb, am bedeutendsten geworden. Der erstere, weil zu seiner Zeit Preußen den größten Glanz entwickelte und Ritter aus allen westlichen Ländern hierher strömten, um von ihm den Ritterschlag zu erhalten. Der Papst schrieb damals an den Kaiser über den Ordensstaat: „Diese sicherste Mauer der Christenheit . . ." Heinrich von Plauen aber mußte mit den Ansprüchen der Polen und den Zerfallserscheinungen im Orden ringen, einsam, den alten Gelübden treu bleibend, mit wenig Erfolg gegen ein übermächtiges Schicksal. So starb er verlassen auf der Burg Lochstädt am Frischen Haff.

Der Geist der Hochmeister weht über das Land zwischen Weichsel und Memel. Das Volk kennt die Namen nicht mehr, all ihr Glanz, alle ihre persönliche Verschiedenheit ist zusammengeschmolzen zu einer ins Mythische erhobenen Phantasiegestalt, wie es Paul Enderling in seinem Gedicht vom letzten Hochmeister wohl empfunden hat:

> „Einmal im Jahr umreitet er sein Land,
> Durch Regen reitet er und Sonnenbrand,
> Im Zwielichtnebel, in den Sonnenschein,
> Er reitet stumm tagaus . . . nachtein . . . tagein."

So reitet er durch der Felder Glanz und Duft, durch die alten Wälder bis zu Düne und Meer, durch das ganze Land, eine Sagengestalt, die nicht ruhen kann, weil ihr Land voller Tränen und Leid ist.

Vor der Marienburg steht die Abstimmungssäule von 1920. Sie ist eine steinerne Erinnerung daran, daß dieses Gebiet bei einer Abstimmung unter dem Schutz der Alliierten deutsch blieb. Gern wandelt man durch die alten Straßen der Stadt, in denen im Juni unvergeßlich die Linden blühen, durch viele Burgtore und durch die Lauben der mittelalterlichen Hauptstraße. Das uralte, von vielen Bränden geschwärzte Rathaus ist ein Kleinod für sich. Überall treten uns an den Toren und Hauseingängen die geschwungenen gotischen Bogen entgegen, alles wirkt alt, gediegen, fast feierlich. Irgendwie erinnert es an Holland, Weite, Sonne, Geruch des Meeres und des Stromes. In einem Park steht der Gedenkstein des tapferen Bürgermeisters Bartholomäus Blume, der seine Treue zum Deutschtum mit dem Leben bezahlte. Lange noch leuchten die Türme des Schlosses in die Ebene, wenn man Abschied nimmt. Man muß sich immer umwenden, wie von einem unsichtbaren Magneten gezogen, und es scheint, als würden diese unvergeßlichen Türme nicht kleiner, je weiter man sich entfernt, als ragten sie in diesem flachen, sonnendurchfluteten Land geradewegs in den Himmel, Irdisches und Transzendentes verbindend, wie es die Absicht des Ordens in seinen edelsten Männern und seinen größten Stunden war.

Der östlichste Teil des Weichsellandes neigt sich sanft dem Frischen Haff zu. Stark berührt die Weite des Landes, Seen und Flüsse werden hier leicht zu Mooren. Nichts ist noch fertig, alles scheint noch jung, diluvialer Boden, noch in Wandel und Übergang. Der Wind hat in den alten Bäumen sein Nest, wenn man ihn mit einem großen Vogel vergleichen wollte, und das Schilf dringt aus allen Gräben.

Als die Ostgermanen über die Weichsel gingen, über die alte Wisla, nannten sie den ersten Fluß, auf den sie stießen, Albing. Das heißt weißer, heller Fluß. Die Stadt Elbing, die dort entstand, hat die lichte, helle Freundlichkeit wohl übernommen; denn es ist dieses der stärkste Eindruck, den man auf einem Gang durch die Straßen mitnimmt. Es weht etwas von Hafenstadt um die Ufer, um die Brücken, um die Kais, wenn auch das Meer noch weit ist. Sauber und rührig, bereit zu weiterem Aufstieg, zukunftsträchtig, so bleibt diese Stadt in der Erinnerung.

Der Turm von St. Nikolai erhebt sich repräsentativ über das Gewirr der roten Dächer. In der St.-Marien-Kirche begegnen uns in dem feierlichen Dunkel der Kreuz- und Netzgewölbe manche Kunstschätze: der schöne Altar der Weichselfahrer und der prächtige Hochaltar, auf dem uns Szenen aus dem Marienleben und dem Leben der Dominikaner vorgeführt werden. Ebenso ehrwürdig sind die altgotischen Häuser in der Brückstraße, die Renaissancebauten, die Barockhäuser mit ihren Beischlägen, von denen das Kamelhaus mit seinem Giebel aus hübschen Barockornamenten augenfällig an Danzig erinnert. Auch die Speicherinsel verrät hanseatischen Geist, und das 1319 erbaute Markttor, dem man vierhundert Jahre später ein Barockhäubchen aufsetzte, ist wohl die einzige Erinnerung an Burg und Stadtmauer Elbings. Das Schloß wurde von der Bürgerschaft selbst abgerissen, damit dem König von Polen kein Stützpunkt innerhalb der autonomen Stadtrepublik zur Verfügung stand. Damit fehlt der organische Mittelpunkt, und die Stadt ist bis zu gewissem Grade für den Betrachter geschichtslos geworden.

Sehr aufgeschlossen ist die Stadt allem Leben der Gegenwart. In Schulen und Kasernen, Wirtschaft, Kultur, Sport spürt man einen eigenwilligen, vorwärtsstrebenden Geist. Auf das Eigenwillige, das im übrigen typisch ostpreußisch ist, deutet schon das hübsche geflügelte Wort „Es gibt so 'ne, solche und Albinger" hin. Von Elbing kann man nicht sprechen, ohne den Namen Ferdinand Schichau zu erwähnen, der hier geboren wurde und zum wichtigsten wirtschaftlichen Impuls für die Stadt wurde. Aus einer kleinen Maschinenwerkstatt machte er in knapp vierzig Jahren ein Industrieunternehmen, das 5000 Arbeiter beschäftigte, und schließlich schuf er auch die große Schichauwerft in Danzig. Ebenso darf man nicht von Elbing Abschied nehmen, ohne an Paul Fechter zu denken, den bedeutenden Literatur-, Theater- und Kunstkritiker, vor allem den treuen Sohn seiner west- und ostpreußischen Heimat, in dessen vielen Büchern das Land zwischen Weichsel und Memel lebendig ist.

V

Vom Urstromtal der Weichsel schauen wir bis zu den grünen Kiefernwäldern der Tucheler Heide und der Kaschubei mit ihren vielen Seen und abseits liegenden kleinen Dörfern. Die strohgedeckten Kaschubenkaten vermitteln, ärmlich, aber sauber, fast das gleiche anheimelnde Gefühl wie ein altes Niedersachsenhaus. Wenige Städte, viel Einsamkeit. Kurz nur streifen wir die roten Dächer von Preußisch-Stargard und lassen dann unseren Blick von den sechs hohen Brückenbögen bei Dirschau fesseln. Hafen und Bahnhof, Maschinen- und Zuckerfabriken geben der kleinen, sauberen Stadt, die im Schnittpunkt des Verkehrs zwischen dem Westen und Ostpreußen liegt, das Gepräge, und vor allem der mächtig und breit dahinziehende Weichselstrom, der nun durch die üppige Wiesenlandschaft der Werder dem Meere zustrebt, den hohen Türmen Danzigs.

> „Dunkle Giebel, hohe Fenster, Türme tief aus Nebeln sehn,
> Bleiche Statuen wie Gespenster lautlos an den Türen stehn,
> Träumerisch der Mond drauf scheinet, dem die Stadt gar wohl gefällt,
> Als läg' zauberhaft versteinert drunten eine Märchenwelt.
> Ringsher durch das tiefe Lauschen über alle Häuser weit
> Nur des Meeres fernes Rauschen: wunderbare Einsamkeit!
> Und der Türmer wie vor Jahren singet sein uraltes Lied,
> Wolle Gott den Schiffer wahren, der bei Nacht vorüberzieht."

So sieht der Romantiker Josef von Eichendorff diese Stadt, und es wird keinen Deutschen geben, der sich hier nicht besonders heimisch fühlte. Nun bald tausend Jahre alt, ist diese Stadt von Anfang an als „Gottesburg im Osten" gedacht und unbeschadet ihres ausgedehnten Handels auch geblieben. Ein dauernder Wechsel zwischen stolzer Eigenstaatlichkeit, polnischer Oberhoheit und preußischer Zugehörigkeit ist das Charakteristikum ihrer zerrissenen Geschichte. Die am Hohen Tor eingemeißelten Worte „Civitatibus haec optanda bona maxime: Pax, Libertas et Concordia" klingen fast wie Hohn, wenn man daran denkt, wie wenig Friede, Freiheit und Eintracht hier herrschten und wie sehr äußere Kriege und innere

Machtkämpfe das Gesicht der Stadt formten. Immerhin stand am Anfang die Ordensgotik, und sie hat durch alle Zeitumstände prägend gewirkt, und es lag auch viel Glück trotz allem über dieser Stadt an den Armen der Mottlau und der Speicherinsel, indem sie kaum Feuersbrünste erlebte und so ihre wunderbaren öffentlichen Gebäude und reichen privaten Häuser durch alle Wandlungen der Zeit und der Baustile erhalten konnte. Der Orden und das Preußische waren, wie gesagt, prägend, und das macht sie ihrer nicht fernen Schwester Königsberg verwandt, aber sie ist doch mehr den Weltmeeren zugewandt gewesen, und ihre Atmosphäre hat darum auch viel von Lübeck, Hamburg oder Amsterdam, immer gemischt mit einem leichten östlichen Anhauch, wie ihn die große Handelsstraße der Weichsel auf natürliche Weise heranweht, und mit einer demokratischen Bürgerlichkeit, die nicht ohne Vorbehalte dem absolutistischen Preußen gegenüberstand.

Die schweigsame Größe der Gotik wird uns am stärksten im Dom zu St. Marien zum Erlebnis. Keine Fialen und Kreuzblumen, kein Filigranwerk mindert den strengen Aufbau. Es ist das ernste Gesicht des Ordens, in das wir schauen. Die bunten Fenster mit den kleinen, quadratförmig umgitterten Scheiben lassen nur ein mattes Licht herein. Der Hochaltar, die Kanzeln und Taufkapellen, die Orgelprospekte und Altäre sind ebenso ein Zeichen mittelalterlicher Frömmigkeit wie künstlerischer Sicherheit. Der Bildhauer, der den Christus am Kreuz geschaffen hat, soll den Verführer seiner Tochter buchstäblich gekreuzigt haben, um ein authentisches Modell zu finden.

Auch das Marienbild verdankt sein Entstehen einer wunderbaren Begebenheit. Einem unschuldig zum Tode verurteilten Töpfer erschien in der letzten Nacht die Mutter Gottes in ihrer ganzen Herrlichkeit, und er bat den Rat der Stadt, die Hinrichtung hinauszuschieben, bis ihm die Formung seines Traumes gelungen sei. Der starke Eindruck der fertigen Arbeit brachte das Volk zu der Überzeugung, der Schöpfer eines solchen Meisterwerkes könne kein Verbrecher sein, und man schenkte ihm das Leben. Der Erbauer der Uhr, an der die Apostel beim Glockenschlag heraustreten, wollte die Stadt verlassen und wurde vorher geblendet, damit er nirgends anders auf der Welt ein derartiges Wunderwerk schaffen konnte. Der Erblindete äußerte den Wunsch, noch einmal an sein Werk herangeführt zu werden. Wenn er es auch nicht mehr sehen könne, so wolle er es doch mit den Händen abtasten. Dabei zerstörte er aus Rache den feinen Mechanismus der Uhr, so daß die zwölf Apostel nicht mehr heraustreten konnten.

Überall Sagen und halbgeschichtliche Erinnerungen. In der Barbarakapelle befindet sich der Schatz der Kirche mit über hundert kostbaren Meßgewändern aus dem 12. und 13. Jahrhundert. Keine Schatzkammer der Welt, nicht einmal die von St. Peter in Rom, soll einen derartigen Reichtum besitzen. Hans Memlings berühmtes Bild vom Jüngsten Gericht ist eine großartige Vision. In der Reinholdskapelle, die den Geist Dürers atmet, lächelt uns die Madonna zu mit irdisch anmutender Mütterlichkeit. Viele Jahrhunderte schufen an diesem Dom, aber er wurde eine feierliche Einheit, außen wie innen, und das macht den Zauber dieses Bauwerkes aus.

Ein organisches künstlerisches Wachstum verraten auch die Straßen der Stadt. Da sind die alten Türme und Stadttore mit den volkstümlichen Namen „Kick in de Köck" oder „Milchkannenturm" oder „Schwan". Alles alte Backsteintore aus wehrhafter Zeit, dunkel, von vergangenen Jahrhunderten erzählend, da Danzig die Ostsee beherrschte und seinen Handel bis in die fernsten Länder trieb. Starke Ähnlichkeit mit Venedig wird wach. An Danzigs Toren rannten sich die Polen die Köpfe ein, und die Dänen machten mit ihren Kaperfahrten hier keine liebsamen Erfahrungen. Der Danziger Admiral Paul Beneke drang sogar in die Themsemündung ein und nahm einen englischen König gefangen. Viel Ruhm und Beute brachte er auf seinen Koggen heim.

Wenn auch die Grundlage der Danziger Schönheit in der Ordensgotik liegt, so haben doch Renaissance und Barock, Klassizismus und Biedermeier in gleicher Weise am Stadtbild geformt. Dem Reichtum Danzigs entsprechend, konnte sich das Barock hier besser entwickeln als sonst auf ostdeutschem Boden. Die schmalen, meistens nur dreifenstrigen Häuser, reich verziert mit phantastischen Schaugiebeln, schwingen sich hell und luftig empor. Vor den Häusern liegen häufig breite Terrassen, steinerne Brustwehren, die sogenannten Beischläge, ebenso reich verziert wie die Häuser selbst. Die auf die Straße mündenden Regenrinnen endigen in verschiedenen Tierplastiken, in phantastischen, steinernen Delphinköpfen, die man Wasserspeier nennt. Johanna Schopenhauer, die Mutter des Philosophen, erzählt in ihren Erinnerungen, wie herrlich die Kinder hier gespielt, wie die steinernen Figuren des Barocks ihre Phantasie beflügelt und wie auch die Erwachsenen hier am Abend gern gesessen hätten, um den Duft der blühenden Linden einzuatmen. Die Stadt habe trotz ihres nordischen Wesens durch dieses offene Leben auf den Beischlägen fast ein südliches Gepräge erhalten.

Einige schöne Häuser, der Renaissancebau des Steffenshauses, auch Speimannhaus genannt, am Langen Markt das Uphagenhaus, das Ferberhaus in der Langgasse, das Englische Haus in der Brotbänkengasse entstanden im 16. und 17. Jahrhundert, zur Zeit der höchsten Blüte Danzigs. Der Artushof ist die alte Gerichtshalle, in der später große gesellschaftliche Empfänge stattfanden. Durch die hohen gotischen Fenster fällt ein gedämpftes Licht auf die Wände mit den reichen Holztäfelungen und den vielen alten Bildern, von denen Anton Möllers „Das Jüngste Gericht" besonders eindrucksvoll wirkt. Das Schöffenhaus neben dem Artushof erzählt von dem Reichtum und der Würde der mittelalterlichen Innungen.

Das alte Krantor an der Mottlau gehört zu den bekannten Wahrzeichen der Stadt. Wunderbar spiegeln sich die alten Fachwerkbauten der Speicher im Fluß. Die Möwen sind hier zu Hause wie auf dem Markusplatz in Venedig die Tauben. Fabriken und Schornsteine streben im Hafengebiet ebenso empor wie die gotischen Türme und barocken Giebel in der Innenstadt. Hier lernt man ein zweites Danzig kennen, eine Stadt, die nicht nur steingewordene Geschichte sein will, sondern den Weg in das industrielle Jahrhundert sucht, unbeschadet der großen Leistungen der Vergangenheit. Wenn man die Stadt vom Bischofsberg betrachtet, erkennt man, wie organisch sie in der niederen Weichsellandschaft ruht, und sieht eine Silhouette, die man nicht vergißt. Man spürt, der deutsche Osten wäre arm, er wäre allzu arm ohne Danzig.

Die behaglich breiten Niederungsdörfer im Werder mit ihren Backsteinkirchen gehören ebenso zur Stromlandschaft wie die alten Windmühlen und die uralten Bäume, die an Holland erinnern. Schöpfwerke, zum Teil mit alten Wasserrädern, bemühen sich, das überflüssige Wasser in die Abflußgräben zu pumpen. Ein ganzes System von Dämmen, Gräben und Kanälen zieht sich durch das Land, um es vor Wasserfluten zu bewahren.

Danzig hat eine Reihe bekannter Männer hervorgebracht. Da war Andreas Schlüter, der das Reiterstandbild des Großen Kurfürsten schuf und in Königsberg am Schloß das Bronzestandbild Friedrichs I. Fahrenheit ist bekannt als der Erfinder der Thermometerskala, die noch heute in anglikanischen Ländern zur Messung der Temperatur verwandt wird. Die Wohlhabenheit der Danziger Familien machte viele wissenschaftliche Arbeiten erst möglich. Viel gerühmt wurde der im 18. Jahrhundert lebende Kupferstecher Daniel Chodowiecki, dessen Bilder zu den Dichtungen der deutschen Klassiker wohl jedem in Erinnerung sind. Goethe sagt von ihm: „Seine höchst zarte Vignette zu ‚Werthers Leiden‘ macht mir viel Vergnügen, wie ich denn diesen Künstler über alle Maßen verehre.“ Das Skizzenbuch seiner Reise nach Danzig trägt wegen seiner realistischen Darstellung fast Dokumentarcharakter. Johanna Schopenhauer, die Mutter des Philosophen, gehörte zum Kreis um Goethe in Weimar, und ihr großer Sohn steht wohl neben Kant auf sehr einsamer Höhe im Reich der deutschen und europäischen Philosophie. Der Name Johannes Daniel Falk ist dann wieder vergessen, nicht aber sind es seine Lieder: „Wie mit grimmigem Unverstand Wellen sich bewegen“ und „O du fröhliche“. Aus dem Danziger Werder stammt Max Halbe, dessen Dramen „Jugend“ und „Der Strom“ zu den meistgespielten Theaterstücken der naturalistischen Ära gehörten und mehrfache Verfilmungen erfuhren. Seine weniger bekannt gewordenen Romane sind wahre Fundgruben für die heimatliche Kultur um die letzte Jahrhundertwende.

Mitten in der Niederung grüßt uns das Kloster Oliva mit seinem wunderbaren alten Park, aus dem die spitzen Türme der Abteikirche hervorgucken. Der Fleiß der Zisterziensermönche erbaute 1178 dieses Haus. Es besitzt eine der größten Orgeln Europas mit 6000 Pfeifen und 101 Registern. Bald liegt das Meer vor uns, diese gewaltige Landschaft, die auch zum Weichselmündungsarm gehört. Das äußerst rege Neufahrwasser, das elegante Weltbad Zoppot und fern im Grau des Meeres wie ein Strich auftauchend: die Halbinsel Hela. Linkerhand die bewaldete Steilküste von Adlershorst. Hinter den Höhen liegt eine neue, hektisch hochgetriebene Hafenstadt, die dazu bestimmt war, Danzig niederzuzwingen. Die Polen nennen diese Siedlung Gdingen, die Deutschen Gotenhafen. Sie steht ziemlich wesensfremd im ostdeutschen Raum und zeigt, wie organisch Danzig eigentlich gewachsen ist.

VI

„Land der dunklen Wälder und kristallnen Seen,
Über weite Felder lichte Wunder gehn.“

So singen die Ostpreußen in einer getragenen Melodie von ihrem Lande, dem wir uns nun zuwenden. Es ist weiter vom Choral der Zeit die Rede und von den Elchen, die in die Ewigkeit lauschen. Choral und Ewigkeit! Es scheint, als erfaßten diese Worte wesentlich den Gefühlston, der über dem Lande schwebt.

Die Wunder sind die Ströme des Lichts, die über dem unendlich grünen Wiesenteppich des Landes Sonne und Schatten verschwenderisch verteilen. Es ist wirklich ein Land dunkler Wälder, besonders nach der Grenze hin, wo in älterer Zeit eine gewollte Wildnis das Ordensland vor Einfällen schützte. Von den Pregelquellen bis zur Johannisburger Heide blauen

16

die Wälder und Heiden. Es ist das Land der tausend Seen, niemand hat sie gezählt, aber sie geben dem Namen Masuren seinen Zauber und machen es zu einer der schönsten, eigenartigsten und zugleich einsamsten und verträumtesten deutschen Landschaften.

Ganze Seenläufe reihen sich hintereinander wie eine Perlenkette, und wie in jener wilden Eiszeit die Gletscher ihr Geröll vor sich herschoben, Hügel bildend und gewaltige Kessel, die heutigen Seen, mit dem Strudelwasser aushöhlend. Noch immer „flutet wild der See", wie der Heimatdichter Friedrich Dewischeit von diesem Lande singt.

Die Menschen ruhen im Frieden ihrer Seen und Wälder, aber auch Fremde kommen und wollen an der Stille teilhaben, die sie wieder zu sich selber führt. Und sie stehen an der Reling der kleinen Dampfer und starren in die Fluten, die bald dunkel und drohend, bald hell und klar unter ihnen dahinziehen und schauen auf die Ufer mit ihren dunklen Wäldern oder grünen Ufern und Feldern, auf denen geruhsam das Vieh weidet. Von Angerburg fährt man in den großen Mauersee, sieht die hohen Ulmen der Insel Upalten. In der Nähe ist Steinort, das Schloß der Grafen Lehndorff, einer dieses Geschlechtes hat das berühmte „Ostpreußische Tagebuch" geschrieben. Man hört viele Geschichten aus alter Zeit, von den Tataren, die auch eine Gräfin Lehndorff verschleppten und nach Konstantinopel verkauften. Noch heute liegt etwas wie Tatarenangst über dem Lande, wovon Hannsgeorg Buchholtz in seinen Büchern so eindrucksvoll zu erzählen weiß.

Über Lötzen, in dessen Nähe die kleine Festung Boyen liegt, die im Ersten Weltkrieg eine entscheidende Rolle spielte, geht es in den Löwentinsee und dann durch eine kanalisierte Seenkette in das Taltergewässer nach Nikolaiken, dessen Wahrzeichen der berühmte Stinthengst ist, eine Erinnerung an den Domnick, den Wassermann. Schön ist es, am Abend auf der Terrasse zu sitzen, Grog zu trinken, Maränen zu essen, eine wohlschmeckende Felchenart, die hier als Delikatesse geräuchert wird, und den von seltsamen Vogelrufen durchzitterten Sommerabend zu erleben, dessen Farben auf dem See langsam ersterben. Nach der Fülle des Lichtes, die der blaue Tageshimmel heiß und fast erbarmungslos über die Wälder und Seen wirft, ist es fast schmerzlich, den Übergang in die Nacht zu finden. Lastende Einsamkeit weht über dem Land, aus der Sagen und Geschichten, viel schweres Geschehen, einen fast wie körperliches Empfinden anrührt.

Beim Austritt aus dem Taltergewässer erlebt man auf einer kurzen Strecke den Spirdingsee, das „Masurische Meer", den größten Binnensee Deutschlands nach dem Bodensee. Hier gehen die Wellen höher, und ihre Kämme schlagen zornige weiße Schaumkräusel auf, bevor sie in der grünlichen Fläche wieder verschwinden. Weiter geht es durch den stillen schmalen Beldahnsee mit seinen stark bewaldeten Ufern und dann zum Niedersee, an dessen Rand die Fischreiher hausen und mit großer Geduld auf ihre Beute warten. Die Johannisburger Heide, in der vor dem Ersten Weltkrieg die großen Kaisermanöver stattfanden, trocken, sonnig und sehr einsam, zieht sich dann bis zu den Wäldern der Grenze hin.

Unvergeßlich ist auch eine Fahrt auf der Kruttinna, deren Ufer nach Schilf und Kalmus duften, deren weit überhängende Bäume sich im kristallklaren Wasser spiegeln und die auch dem nüchternsten Menschen die Vorstellung vermitteln kann, durch eine Märchenlandschaft der Stille und Versenkung zu gleiten.

Das Land der tausend Seen ist unerschöpflich an unberührter Natur. Die Moore, die weite

Uferpartien der Seen oft unzugänglich machen, sind ungestörte Vogelparadiese. In den Seen selbst, wo ganze Züge von Fischen in dem gesunden Wasser sich tummeln, holen die Fischer aus ihren Netzen Barse und Brassen, Schleie und Aale, große Hechte und vor allem den mächtigen Wels mit seinen undefinierbaren Augen und den Bartfäden, die dem Fischkopf etwas Menschenähnliches geben. Er ist in der Volksphantasie zum Wassermann geworden, von dem viele Geschichten und Gedichte erzählen, vielleicht keines so eindringlich wie das der jungen ostpreußischen Dichterin Tamara Ehlert:

> „Der Wassermann ist verliebt in mich.
> Nachts patscht er ans Fensterglas
> Mit seinen feuchten Händen.
> Der See rinnt aus seinen schuppigen Lenden
> Und tropft meine Schwelle naß.“

Sie aber liebt den jungen Herrn, der sie nachts umarmt und sich am Tage ihrer schämt, und darum wird sie in den See gehen und sich ein Schuppenkleid anziehen und den Wassermann heiraten, nur um das Boot des jungen Herrn zum Kentern zu bringen.

In dieser ehemals von Galindern und Sudauern, den tapfersten Stämmen der Prußen, besiedelten Landschaft, zu denen später die östlichen Masuren und die deutschen Kulmer Bauern stießen, lebt eine Bevölkerung, deren Bluterbe und deren Sagenschatz aus vielen Quellen gespeist sind. In jedem See haust noch ein Topiel oder Topisch, und Macica, ein Holzwurm, saugt am Lebensquell der Menschen. Diese Menschen sind zäh, bedürfnislos und ausdauernd, lebhaft und leidenschaftlich, oft, insbesondere bei Tanz und Alkohol, auch ausschreitend. Viel fromme Scheu liegt über diesen Gemütern, aber die Sünde ist stets sehr nahe, ein bißchen Wilddieberei und Raubfischerei, wie es Richard Skowronnek in volkstümlichen Büchern schildert, das gehört zu diesem Leben hinter den Wäldern und den Seen.

Nur in so einem Volke konnte ein an Abraham a Santa Clara erinnernder Volksprediger aufstehen wie Michael Pogorzelski, der, zugleich Dichter, in einem seltsamen Masurendeutsch seine Gemeinde zu fesseln und zu bewegen wußte, so daß die weisen skurrilen Aussprüche dieses Mannes als geflügelte Worte durch das ganze Land zogen: „Quid est vita humana? Was ist menschlich Lebben? Menschlich Lebben ist wie Teerpaudel am Wagen, schlicker, schlacker, schlicker, schlacker, bums, liegt auf Erde. Item, quid est vita humana? Menschlich Lebben ist baufällig Strohdach, perdautz, fällt um!“ Manche dieser seelsorgerischen Produkte gehen schon damals, vor zweihundert Jahren, ins Surrealistische über und ergreifen einen heute noch seltsam: „Guterletzt alles Zauber! Lied ist Zauber und Schnaps ist Zauber. Wind ist Zauber, Mond und Sterne. Weib auch, vielleicht sogar Zauber schlimmstes, wer weiß? Reine Vernunft von Professor Kant — alles Zauber, Zauber. Geht nicht ohne Zauber in Welt, meinen ich!“ Wie tiefsinnig und weltweit ist das doch und wie ostpreußisch, um nicht zu sagen, masurisch.

Siegfried Lenz hat neuerdings in seinem schönen Buch „So zärtlich war Suleiken“ etwas von dieser Atmosphäre eingefangen. Schon in Stil und Diktion weht uns ein Hauch an, den man sonst nur bei den russischen Erzählern spürt: „Wovon soll ich erzählen zuerst? Von der Einweihung? Gut, von der Einweihung. Sie fand statt, wie verbürgt ist, an einem unschuldigen

Frühlingstag zu Füßen der Sulayker Höhen, worunter man sich vorzustellen hat ein ansprechendes Hügelchen namens Goronzä Gora."

Der Dichter aber, der am ausgeprägtesten den masurischen Menschentyp darstellt, ist Ernst Wichert. Er hat diese Landschaft und diese Menschen in die Weltliteratur eingeführt. Er selbst war Hirte und Fischer in seiner Jugend: „Gut war es mir, barfuß meinen Lebensweg zu beginnen und die Kühe zu hüten." Er war auch Jäger und kannte den Schrei der Wildenten, Taucher und Fischreiher, des Roten Milans und der Rohrweihe, der Bussarde, Habichte und Wiesenschnarren. Mit dem Fischadler aber hat er sich fast identifiziert: „Wo ich stand, ließ er immer seinen Schrei über die unendlichen Wipfel zu mir herunterfallen. Einen klagenden, einsamen, mich auf unbegreifliche Weise ergreifenden Schrei. Dann starrte ich ihm nach, und eine unendliche Sehnsucht ergriff mich, das auf irgendeine Weise zu sagen, zu singen, mir vom Herzen zu lösen."

Und er sang es in der „Majorin" und der „Magd des Jürgen Doskocil" und in den „Jerominskindern". In einer süß betörenden Sprache, die in einem Meer von Schwermut schwimmt, spricht er von dieser Landschaft seiner Seele und ihren Menschen. Masuren, an den Himmel projiziert. Verhalten, urchristlich fromm und von unterirdischen Begierden zerrissen, prophetenhaft, kulturmüde will er „die Gerechtigkeit auf den Acker bringen". Dunkel wie die Wälder sind seine Gleichnisse, tief wie die Seen seine versponnenen Betrachtungen. „Wir bringen unser Leben zu wie ein Geschwätz!"

Er ist der eine Pol des ostpreußischen Menschen, der andere ist Agnes Miegel, in vielem sein Gegenbild. Diese „Mutter Ostpreußens" spricht zu uns aus einer helleren Landschaft, aus dem Samland und der sandigen Meeresbucht von Cranz, sie spricht von Königsberg und der gekrönten Stadt, es ist alles gegenständlich, nicht so voller Antithesen. Sie umgreift Landschaft, Mensch und Geschichte. Während Ernst Wichert, in Archaischem versponnen, nie ein Wort zur Bedrohung des Landes sagt, singt sie in ergreifenden Vorahnungen: „Über der Weichsel drüben, Vaterland, höre uns an." Wichert hat metaphysische Ängste, sie hat sie auch, aber darüber hinaus auch Sorge um alle und alles, was ihr etwas Stellvertretendes gibt, als der ungekrönten, unbeauftragten Königin des Landes.

> „Und ich sang in den Wind, in das Wirbeln rauschender Dünen,
> In das dröhnende Brausen sang mein tönender Mund.
> Sang meiner einsamen Heimat Götter und rote Burgen.
> Sang ihr mütterlich Herz, sang ihr grüngrünes Kleid.
> Sang, was groß und gekrönt durch meine Träume gewandert,
> Blutüberströmtes Haupt, gallegetränktes Herz."

Der dritte, leider sehr unbekannt gebliebene große Dichter ostpreußischer Erde ist der Memelländer Alfred Brust, aus prußischem Blut kommend, eigenwillig, nonkonformistisch und sendungsbewußt. Er verhungerte schließlich. Er sprach in erregenden Vorahnungen von „Ostpreußen im Schatten Asiens" und klagte: „Ich habe die Erde verloren, paßt auf, daß ihr die Erde nicht verliert!" Sehr vieles wußte er, was andere nicht mehr wußten: „Du erkennst den prußischen Menschen an seinem treibenden Eigensinn. Ganz Teufel, ganz Gott, ganz Feigling, ganz Held. Niemals aber findest du bei ihm die verseichte Mitte. Diese Menschen haben nicht die wässerige Sehnsucht, sich zu erhalten; denn wer sich erhalten will, der ist verloren.“

Diese drei Dichter verkörpern in erregendem Umfange ostpreußisches Menschentum und stellen es in ihren Werken bis zu jener zentralen Tiefe, in der wir uns erkennen, dar. Das schließt nicht aus, daß es noch viele Stimmen, Zwischenlagen, Spielarten und legitimes Dichtertum gibt.

VII

Das masurische Bauernhaus, das sich durch Vorziehen des Daches an der Schmalseite gegen Witterungseinflüsse sichert, was heute mehr oder weniger nur noch ornamentale Bedeutung hat, greift weit in die nördliche Provinz über. Man erkennt in Ostpreußen unschwer deutsche, litauische, masurische und prußische Baueinflüsse, die sich mannigfach verwoben haben. Unter den deutschen findet man gemäß der Besiedlung niedersächsische und fränkische Bauformen. Das Niedersachsenhaus hat bekanntlich den Eingang an der Giebelseite und vereinigt Wirtschafts- und Wohnräume unter einem Dach, das sind Wohnverhältnisse, wie wir sie im Weichsel- und Nogatraum sehen, gelegentlich noch bis zum Frischen Haff. Die deutschen Häuser lieben das aus der Heimat mitgebrachte Fachwerk, das sie aber beim Übergang zum ostdeutschen Holzhaus mannigfach variierten. Im Oberland und im Ermland grüßt uns behaglich das Vorlaubenhaus. Im allgemeinen sind in Ostpreußen Haus, Stall und Scheune getrennt und viereckig um einen ausgedehnten Hof gelagert. Diese einsamen, für sich liegenden Gehöfte kennzeichnen die Selbständigkeit des ostpreußischen Bauern und geben gleichzeitig der Landschaft die Stimmung. Im Memelgebiet haben die Fischer- und Bauernhäuser gleichfalls gern Lauben.

Außer diesen verstreuten Gehöften gibt es natürlich auch Straßendörfer, wie im Memelgebiet an den Flußläufen und längs des Haffes, in Masuren auch. Die deutschen Besiedler der Ordenszeit und später nach der Entvölkerung des Landes durch die Pest ließen sich gern in nachbarlicher Nähe nieder und bauten in Form eines mehr zentralen Angerdorfes.

Die Städte Ostpreußens, insbesondere Südostpreußens, sind weniger organisch gewachsen, als vom Orden geplant, sie sind Zweckbauten, die fast alle nach der gleichen Struktur aufgebaut wurden. Der Wehrgedanke, dem die Burg entsprach, der sakrale Raum, der von der Kirche eingenommen wurde, und die Wirtschaftsnotwendigkeiten, die sich in einem großen viereckigen Markt realisierten, das waren die Motive, die sich je nach Fluß, See oder Berg ein wenig wandelten, aber im allgemeinen die Entwicklung bestimmten. Das Fachwerkhaus, aber im wesentlichen das Backsteinhaus, formte das Bild der Straßen. Ostpreußen hat Platz. Die Straßen gehen oft, wie auf dem Reißbrett entworfen, gerade und strahlenförmig vom Mittelpunkt, den Schloß, Markt oder Kirche bilden, nach allen Seiten. Sie sind breit und von Vorgärten gesäumt, überhaupt gibt es viele Grünanlagen und Parks, oft Seen, die wunderbar am Rande der Stadt, oft auch schon mitten darin, zum Verweilen einladen und natürlich dem ganzen Stadtbild das Gepräge geben. Man denkt hier an alle kleinen Städte in Masuren, insbesondere an Lyck, aber auch an Königsberg. Wenn die Linden im Juni blühten, hüllten sie die ganze Stadt in eine träumerische Stimmung.

So erlebt man diese vielen Städte, deren Namen alle auf „burg" oder „stein" endigen, Neidenburg, Ortelsburg, Gilgenburg, Johannisburg, Hohenstein, Allenstein zwischen blühenden Wäldern und blanken Seen, in denen sich ihre Türme spiegeln. Sie haben alle noch etwas Trotziges und Wehrhaftes. Die meisten Burgen erinnern deutlich an das Schloß Marienburg. Im Mittelpunkt der Burganlage steht fast immer das hohe Haupthaus mit vier, um einen quadratischen Hof gruppierten und von Zwingern und Gräben umschlossenen Gebäudeflügeln. Dieses Kastellhausschema war in der Frühzeit des Ordens noch oft unregelmäßig wie bei Balga. In der Blütezeit des Ordens reifte der Stil rasch zu einer Allgemeinform, die meistens ein regelmäßiges geschlossenes Kastell zeigt, wie bei Brandenburg am Frischen Haff und bei Lochstädt, am deutlichsten in der Marienburg selbst. Nachdem der Orden seine Reifezeit überschritten hat, macht sich auch im Stil das Fehlen einer Idee bemerkbar, was durch einen großen Aufwand an schmückenden Formen überdeckt wird. Aber auch in dieser letzten Zeit gelingen noch so stattliche Burgen wie Tapiau, Ortelsburg, Insterburg, Labiau, Heilsberg, Rössel und Allenstein.

Wie eine Burg wirkt das große Denkmal, das an den Sieg von Tannenberg 1914 erinnert. Machtvoll ragt es mit seinen acht kubischen Türmen ins Land, ein Wallfahrtsort für alle, die in den deutschen Osten kommen. Der Innenraum mit seinen amphitheaterähnlich aufsteigenden Stufen, den wuchtigen Bogenhallen und den trotzigen Türmen, alles im preußischen Backsteinstil gehalten, ist eine eindrucksvolle Feierhalle geworden. Wie ein eiskalter Strom weht Schicksalhaftes durch den Raum. Vor dem Gruftturm stehen zwei erzene Weltkriegssoldaten, Gewehr bei Fuß, und halten Wache vor dem schlafenden Feldherrn des Ersten Weltkrieges. Feldherr, Reichspräsident und zugleich Ostpreuße, ruhte er hier in Heimaterde, bis die große Katastrophe auch die Toten auf die Flucht gehen ließ und die Elisabethkirche in Marburg ihm und seiner Gattin zu einer neuen Ruhestätte wurde: Hindenburg.

VIII

Wo Masuren langsam in das Oberland übergeht oder zum Ermland hin, bleibt die Landschaft seenreich und leicht geschwungen. Der westpreußische Dichter Ottfried Graf Finckenstein nennt das Oberland „Die blonde Schwester Masurens" und will damit besonders die hellere Stimmung ausdrücken, die über dem Land liegt. Viele kleine Flüsse eilen zum Frischen Haff, winden sich durch romantische Schluchten und plätschern über Geröll, so daß man an manchen Stellen Gebirgslandschaften en miniature erleben kann. Die Kernsdorfer Höhe mit 313 Metern stellt das ostpreußische Alpenland dar. Im Norden am Frischen Haff erhöht sich das Land dann noch einmal zur Elbinger Höhe. Dazwischen ziehen sich die Seen hin, von denen der Drewenzsee bei Osterode, der Geserichsee mit der erstaunlichen Länge von 30 Kilometern und der Drausensee mit seinen Rohrdommeln, Papchen und Löffelenten, den blühenden Seerosen und Mummeln wohl die bekanntesten sind. Es sind alles schmale, von Norden nach Süden gelagerte Rinnseen, wie sie die Eiszeit schuf, oft sehr reizvoll, manchmal auch mit kahlen Ufern.

Das technische Wunder der Gegend ist der Oberländische Seenkanal, der auf fast zweihundert

Kilometern die Seen miteinander verbindet, und der auf fünf geneigten Ebenen die Schiffe auf Eisenbahnloren die Höhen zwischen den Seen überwinden läßt. Es ist nicht nur für die Reisenden, sondern auch für die Zuschauer ein Ereignis, die Dampfer über Land rollen zu sehen, bis dann wieder ein See mit seinem blanken Wasserspiegel und seinen romantischen Ufern sie aufnimmt.

Ein weiteres Wunder der Gegend sind die schwimmenden Inseln in manchen Seen, die aus Moosarten gebildet sind, die ihre Stengel bis zu drei Metern in den Grund senken. Wie Pappteller schwimmen diese Kampen, je wie der Wind es will, von einer Seeseite zur anderen, und die kleinen Bäume, die auf ihnen stehen, und die Vögel, die es hier gut haben, machen diese Reisen gern mit. Vom Ufer schauen oft Kraniche und Reiher zu. Auf den Feldern schimpft der Wiedehopf, und oben kreist im Blau des Himmels der Rote Milan. In den Wäldern sieht man noch Beutnerkiefern, wo die wilden Bienen hausen. In der Ordenszeit gab es ganze Beutnerdörfer, die damals den Honig an die Burgherren abliefern mußten.

„Zogen einst fünf wilde Schwäne." Dieses Lied, das aus dem Memelland stammt, geht einem auch hier nicht aus dem Sinn. Kaum noch gibt es hier Schwanenseen; die stolzen Vögel sind in das einsamere stille Masuren zum Brüten abgezogen. Noch vor dem letzten Krieg lebten auf dem Gaudensee bei Finckenstein eine Menge Schwäne, auf die Napoleon anläßlich seines dortigen Aufenthaltes im Jahre 1807 auf Jagd ging. Der große Schlachtenheros schoß schlecht, wie berichtet wird, so daß er nicht einen einzigen Schwan erlegte, während sein berühmter Feldherr Murat wenigstens einen schoß.

Das Oberland ist auch in besonderer Weise das Land der großen Güter und Herrensitze, die sich aus den Komtureien und Ordensburgen entwickelten und in der Barockzeit Mittelpunkt des gesellschaftlichen Lebens waren. Die Schlösser und Gutshäuser mit ihrem Rondell und der breiten Auffahrtsstraße, mit ihrer Terrasse zum See und ihrem großen Park, mit den Treibhäusern und Orangerien, mit der Flucht der gesellschaftlichen Räume und den Sammlungen an Möbeln, Fayencen, Jagdtrophäen, uralten Bibliotheken bildeten wichtige Kulturzentren. Manche Schlösser, wie Beynunen im Kreis Darkehmen, sind zu einem antiken Museum geworden. Hellas in Ostpreußen, das ist der Eindruck, den dieses weiße Schloß mit seinem statuenreichen Park, seinem Laokoontempel, seinen zahlreichen italienischen Gemälden vermittelt. Die Schlösser dienten oft als Absteigequartiere auf den Reisen der preußischen Könige von Berlin nach Königsberg, so Finckenstein, Schlobitten, Friedrichsstein und Dönhoffstädt. Die Familien spielten in der Verwaltung, der Politik und der preußischen Armee eine große Rolle, und viele sind weit über den Rahmen der Provinz bekannt geworden, wie der Freiherr von Schoen, die Fürsten Dohna-Schlobitten oder der Reichsgraf Karl von Lehndorff, der an der Konvention von Tauroggen maßgeblich beteiligt war. Neben den alten deutschen Geschlechtern sind auch prußische Adlige wegen ihrer Treue zum Orden belehnt worden und bis zur Katastrophe grundbesitzend geblieben, wie die Namen von Bronsart, von Kalnein, von Perbandt, von Saucken und andere beweisen.

In den ostpreußischen Herrenhäusern wirkt sich ungeachtet der verschiedenen Stilepochen ihrer Bauzeit eine ethische Grundhaltung aus, die in ihrer kargen und strengen Struktur liegt, so daß man nicht zu Unrecht von einem preußischen Stil sprechen kann. Carl von Lorck definiert ihn als reine Klarheit und Disziplin der Haltung. Preußische Lebensform bedeutet

Ehrfurcht vor den Vorfahren und Verantwortung vor den Nachkommen, Gefolgstreue zum Ganzen, Kraft des Erhaltens und ein unlösliches Verbundensein mit dem Heimatboden.

Einen Blick noch auf die vielen kleinen Städtchen im Oberland, die uns an ihren Seen grüßen, so Osterode, Liebemühl, Deutsch-Eylau, Preußisch-Holland, Mohrungen und Saalfeld. In Mohrungen liegt hinter der Pfarrkirche unter alten Bäumen das Geburtshaus Johann Gottfried Herders, der Goethe anregte und mit seinen Sprachstudien und Liedersammlungen auf europäischer Basis einer der Väter des gegenwärtigen europäischen Kulturbewußtseins geworden ist.

IX

Das Ermland, das wie ein Dreieck den südlichen Teil der Provinz zerschneidet, hat seine besondere Geschichte und damit auch eine eigene Entwicklung gehabt. Der Fürstbischof verstand es, seine Selbständigkeit gegenüber dem Hochmeister zu wahren, und das Land machte auch die Reformation nicht mit. So sehen wir auf einer Wanderung durch die reichen Dörfer überall Muttergottesbilder an den Wegen und den heiligen Nepomuk auf den Brücken. Wallfahrtsorte, wie Heiligelinde bei Rössel, Krossen bei Wormditt und der Kalvarienberg von Glottau bei Guttstadt, ziehen Scharen von Pilgern an. Die Menschen, ob es nun die Bauern des weiten Landes sind, die Fischer am Frischen Haff, die Handwerker und Kaufleute in den behaglichen kleinen Städtchen, wirken still und fromm, geprägt von der Weite der ostpreußischen Landschaft. Wenn man die zahlreichen Bauernwagen am Sonntag auf dem Weg in die Kirchen und Dome sieht und die festen, ausgeglichenen Gesichter betrachtet, dann weiß man, daß diese Menschen außer ihrem irdischen Werktag noch eine unverlierbare transzendente Bindung besitzen.

Der alte Mittelpunkt des Ermlandes liegt an der jungen Alle, die lebendig und in großen Windungen durch ein fruchtbares Land zieht. In Heilsberg befand sich der Sitz des Fürst-bischofs, der 1836 nach Frauenburg verlegt wurde. Das Schloß mit seinem hohen Dach, den vier spitzgiebeligen Türmchen und den wunderbaren Kreuzgängen im Innenhof ist die am besten erhaltene Schloßanlage der Ordenszeit. Die ehemalige Residenz mit ihrem stattlichen Hohen Tor, den Laubenhäusern am Markt und dem Nonnenkloster wirkt geradezu süddeutsch, wenn man vom Uferrand der Alle auf die roten Dächer blickt und auf die Mündung der Simser, deren Wasser über ein Wehr aufblitzend in den Fluß stürzt. Die mitteldeutsche Herkunft der Menschen verrät sich deutlich in ihrer Sprache. Ein Heimatgedicht der Gegend: „Maiooingt anna Sönsa" heißt „Maiabend an der Simser". Ganz anders spricht der Teil Ermlands, der am Frischen Haff liegt, nämlich norddeutsch platt. Hier ein Zauberspruch aus der Neujahrsnacht, an einen Apfelbaum gerichtet: „Bumke, Bumke, schloape nich un vergett en nije Johr de Früchte nich!" Von Heilsberg darf man nicht Abschied nehmen, ohne ein kräftiges Gericht Heilsberger Keilchen, natürlich mit Speck, zu genießen, die sich innerhalb der vielen kräftigen und leckeren ostpreußischen Gerichte einen guten Namen bewahrt haben.

In der gleichen Gegend liegen noch Guttstadt, das mit seinem alten Storchenturm auf den Vogelreichtum der Gegend hinweist, Rössel und schließlich Allenstein, die jüngste Stadt, die aber wegen ihrer zentralen Verkehrslage die älteren Schwestern überflügelt hat. Diese stolze

Regierungshauptstadt, sehr modern, mit breiten Straßen und grünen Anlagen, mit der ehemaligen Burg des ermländischen Domkapitels und der St.-Jakobi-Kirche, mit wunderbaren Giebellaubenhäusern am Markt, versteht es, eine sinnvolle Mitte zwischen der alten Zeit und den Aufgaben der betriebsameren Gegenwart zu finden. Ihre Strahlungskraft, was Industrie, Verwaltung und geistiges Leben, das besonders um das Landestheater für Südostpreußen kreist, angeht, geht weit ins Masurische und ins Oberland, ja, über die Reichsgrenzen. In der Nähe steht ein Denkmal, das an den Sieg bei der von den Alliierten nach dem Ersten Weltkrieg angeordneten Volksabstimmung erinnert. Es trägt die kategorische Inschrift: Dies Land bleibt deutsch. Bei der Abstimmung wurden 97,9 % der Stimmen für Deutschland abgegeben.

In der von den Nebenflüssen der Alle und der Passarge gebildeten Ebene liegt Wormditt an der Drewenz mit einem malerischen Marktplatz, wohlerhaltenen Lauben, einem mittelalterlichen Rathaus und vor allem dem Dom, von dem Agnes Miegel singt: „Das rote Herz des Ermlands bin ich . . ." In Mehlsack an der Walsch und seinem romantischen Naturschutzgebiet zeigt sich das Ermland, das nirgends so wie hier ein fruchtbares Bauernland ist, am schönsten. Hier wurde das mittelschwere Ermländer Pferd gezüchtet, das von den Belgiern abstammt und das man im Süden der Provinz bis nach Königsberg oft als Vorspann zu schwereren Lasten findet. Es ist im Gegensatz zum nervösen, beweglichen Trakehner ein Kaltblüter.

Jenseits der Flußniederungen erhebt sich wieder ein Sockel des ostdeutschen Höhenzuges mit dem etwa zweihundert Meter hohen Schloßberg, und dann winkt in weiter, silberner Wasserfläche das Frische Haff. Hier ist das gegenwärtige Zentrum des ermländischen Volkes, um Frauenburg mit seinem Dom, dem „Dom am Meer". Es ist ein gotischer Backsteinbau mit zwei spitzdachigen Türmen am Schaugiebel und einer feingliederigen Arkatur der Giebelkanten. Das sternüberwölbte Mittelschiff ist ein Symbol für die menschliche Hingabe an eine höhere Welt. Der Glockenturm mit der kupfergedeckten Doppelhaube und der Kopernikusturm gehören zum Gesamtbild des türmereichen Domberges. Dreißig Jahre hat Nikolaus Kopernikus, der in Thorn als Sohn deutscher Eltern geboren wurde und kurze Zeit auch in Allenstein lebte, hier im Schatten des Domes an seinem epochalen Werk „De revolutionibus orbium coelestium" gearbeitet. Mit großer Ehrfurcht betreten wir diese Räume, in denen der Schöpfer des modernen Weltbildes gelebt hat, und betrachten das wenige von seinen Schriften und seinem Handwerkszeug, das hier noch erhalten ist.

Der Dom liegt dicht am Haff, so daß der Geruch der Netze und des Tangs herüberweht, daß man den frischen Wind spürt und auf den hellen sandigen Wall der Nehrung hinübersehen kann. Die großen Lommen, die bei voller Ladung Groß- und Besansegel sowie die vier Vorsegel gehißt haben, sind der Stolz der Haffschiffer. Schon am Morgen hört man hier sowie in Tolkemit die Rufe der Fischerfrauen, die ihre frische, zappelige Beute verkaufen möchten. Es liegt eine helle, bewegliche Atmosphäre über dem Land und seinen Menschen, die in Vorzeiten Schweden, Dänen, Russen, Franzosen und Polen haben kommen und gehen sehen und die doch ein arbeitsames, sehr genügsames und gesundes Geschlecht geblieben sind, den Dingen des Alltags gewachsen und mit den inneren Sinnen den Stimmen der Dome lauschend, die überall, auch in den kleineren Städten, stehen. In diese Welt der Fischer und des Haffes führt uns Willy Kramp in seinem Roman „Die Fischer von Lissau".

Die größte Stadt der Gegend aber ist Braunsberg, vormals eine Hansestadt, die damals mehr

Flachs und Garn verkaufte als Königsberg. Welch ein buntes Gewimmel im Hafen an der Passarge! Die Katharinenkirche im Rot des Backsteins mit wuchtigem Turm und Sterngewölbe innen und das Rathaus mit seiner hellen, figurenreichen Fassade und dem kubischen Uhrenturm sind die Wahrzeichen der Stadt. In dem barocken Steinhaus wohnten die Alumnen des Priesterseminars seit vierhundert Jahren, so daß Braunsberg auch den geistig-religiösen Mittelpunkt des Ermlandes darstellt. Durch die bedeutendste ostpreußische Bahnstrecke, die von Berlin nach Königsberg, sind diese Städte am Frischen Haff dem Weltverkehr erschlossen, und es gibt wohl keinen Ostlandfahrer, der ihre Silhouetten und das silberne Wasser des Haffes nicht wenigstens vom Abteilfenster aus gesehen hätte.

In diesem Lande der Dome seien ein paar Worte zu den ostpreußischen Friedhöfen gesagt. Es gibt wunderbare, stets sorgfältig gepflegte Friedhöfe in den ostpreußischen Städten Königsberg, Allenstein, Insterburg, Tilsit und Memel. Steine, auf denen berühmte Namen stehen, die in der Geschichte Preußens ihren Klang bis heute bewahrt haben. Das Rauschen der Trauerweiden und Lebensbäume erzählt vom Leben und Sterben vieler Geschlechter, und man wandert gern über diese Friedhöfe, besonders im Frühling, wenn das lebenstolle Jubilieren der Vögel einen so sichtbaren Gegensatz zu den Wohnungen der Toten bildet.

In den Kirchdörfern ruhen die Toten im Schutz der alten Ordenskirchen, die mit ihren weißgekalkten Mauern und dem wehrhaften Turm ihren Schlaf bewachen. Nirgends aber wird einem die Vergänglichkeit alles Irdischen so vor Augen geführt wie auf den kleinen Fischerfriedhöfen am Meer. Halb vom Dünensand verweht, in einer blühenden, wuchernden Wildnis, so liegen sie einsam da. Die ärmlichen kleinen Holzkreuze, in manchen Gegenden überdacht, in anderen mit einer Fotografie des Toten versehen, der einen dann gleichsam aus dem Grabe heraus anblickt, sehen morsch aus und zum Verfall bereit.

Die Friedhöfe an den großen Strömen, an der Memel und Weichsel, wie auch an den beiden Haffen, sind wegen des Hochwassers oft aufgeschüttet. Von alten Bäumen umrauscht, so erheben sie sich wie Richtmale über die grüngrünen Ebenen (wie Agnes Miegel singt) der Niederungen und Werder. Während des Hochwassers sammeln sich Hirsche und Rehe, Wildschweine und Elche und alles Getier bis zu den Maulwürfen hier oben, und auch die Menschen finden, wenn sie vom Hochwasser überrascht werden, oft keine bessere Fluchtstelle. Manchmal geschieht es, daß eine große Eisscholle einen Friedhof von der Seite aufreißt, und daß dann zum Entsetzen der umliegenden Dörfer die Särge frei werden oder sogar einer auf dem Wasser davonschwimmt.

Bei einer Fahrt durch Ostpreußen begegnet man auch ganz kleinen Gutsfriedhöfen. Unter Eichen ruhen hier die alten Rittergeschlechter. Wer mit der Geschichte des Landes vertraut ist, liest auf den schlichten Kreuzen, kaum noch entzifferbar, Namen, die alles andere als tot sind. Das gilt besonders für die Parks der schon erwähnten Herrenhäuser. In klassischen Tempeln oder in neuromanischen oder gotisierenden Mausoleen liegen hier diejenigen begraben, die infolge ihres Ranges und Reichtums, oft auch ihrer geistigen Überlegenheit, entscheidend in die Geschicke des Landes eingreifen durften. Dazu gehört vor allem Hindenburg in der Gruft des Tannenbergdenkmals.

Einen besonders erhabenen Eindruck gewinnt man an den Grabsteinen der Unsterblichen im Geist, etwa vor dem Grabmal Immanuel Kants am Dom zu Königsberg.

Und dann die Soldatenfriedhöfe aus dem Ersten Weltkrieg, an denen die Provinz so reich ist, besonders Masuren und das Oberland. Auf den Hügeln des Landes, oft in der Nähe alter Wälle und Prußenburgen, im Anblick leuchtender Seen ruhen die, deren Tapferkeit die Heimat noch einmal vor dem Untergang bewahren konnte. Unvergeßlich Ostpreußens schönster Soldatenfriedhof am Schwenzaitsee bei Angerburg mit dem großen Kreuz, das sich über See und Landschaft reckt. Viele Städte haben architektonisch hervorragende Soldatenfriedhöfe angelegt mit Heldendenkmälern, die bekannte Künstler geschaffen haben. Ungeachtet der heute so oft diskutierten Frage, ob ein Krieg als gerecht oder ungerecht bezeichnet werden muß, ist der Tod für die Jugend aller Völker immer ein persönliches Opfer, das den Überlebenden Achtung abnötigen sollte. So steht auf dem von Professor Brachert geschaffenen Heldendenkmal in Pillkallen der Engel neben dem Sterbenden, und der Stein trägt die Inschrift: Ihr starbt, damit wir leben!

X

Durch die Mitte des Landes wandert man wie durch alte Parks. Wohl ziehen weite Roggenfelder über die Hügel, die Kartoffeln winken mit ihren bunten Blüten, gelbe Lupinen tupfen freudige Farbnuancen in die Landschaft, aber überall ist doch wieder der Wald da. Das sanfte Auf und Ab der Landschaft scheint einem wie eine Fortsetzung des Wellenspiels der Ostsee, nur daß ihr rauschender Rhythmus hier erstarrte und zu einer feierlichen Stille wurde. Nirgends ziehen sich die Felder ins Endlose, sondern finden in den Baumgruppen bildhaft und ausschnitthaft überall einen Rahmen.

Die Drahtgitter der Roßgärten spannen sich wie ein Netz über das Land. Schrullige Kopfweiden, diese Eigenbrötler an Dämmen und Landwegen, werden an ihnen oft zu einem lebendigen Zaun. Große Herden des schwarzweißen ostpreußischen Herdbuchviehes, stattlich und breit, ziehen grasrupfend über die teppichartigen Weiden. Man schaut ihren schweren blanken Leibern gern nach, wenn sie wiederkäuend in einer Ecke des Roßgartens stehen oder mit urhafter Geduld sich von den Mägden die Milch aus den kraftstrotzenden Eutern ziehen lassen.

Das Herz des Ostpreußen gehört seinen Pferden. Man sieht sie am Abend auf den Wiesen eines Flusses in leichtem Nebel stehen oder in jugendlichem Übermut in einer Kavalkade gegen das Roßgitter heranbrausen. Schlank und sehnig sind ihre Leiber, deutlich hebt sich die Elchschaufel, das Zeichen ihres edlen Trakehner Blutes, auf dem Schenkel ab.

Das Gestüt Trakehnen an der Pissa wurde 1732 von Friedrich Wilhelm I. gegründet, und man begann die aus dem ostpreußischen Wildpferd der Prußenzeit stammende anspruchslose Schweike mit arabischen und englischen Vollbluthengsten zu mischen, so daß unter scharfer Auslese das edle ostpreußische Warmblutpferd, der Trakehner, entstand. Als Kutsch-, Reit- und vor allem Militärpferd ist es mit der preußischen Geschichte verbunden. Gegen vierzigtausend Pferde wurden jährlich in die europäischen Länder und nach Übersee verkauft. Die vielen Geschichten und Begebenheiten, die um das ostpreußische Pferd kreisen, zu erzählen, hieße ein Buch schreiben. Denkmäler, Schriften, Gemälde und Gedichte verherrlichen es. Für vieles mag ein Gedicht von Hermine von Olfers-Batocki sprechen, das wir auszugsweise bringen:

> „Zwischen Braunsberg und Trakehnen, wo die Wiesen am weitesten sind,
> Da wehen der Rosse Mähnen im scharfen Ostseewind.
>
> Zwischen Mertensdorf und Weedern und am Steinorter See —
> Wie da die Fesseln federn, wo Stuten weiden im Klee.
>
> Zwischen Rominten und Alle grüßt manches alte Gut,
> Da steht im geräumigen Stalle der Hengst von edlem Blut.
>
> Durch tiefe Niederungen der Bauer lenkt's Gespann,
> Da reiten seine Jungen, da heißt es: glatt gesprungen,
> Gut, wer's am besten kann!"

Auf den Wiesen schreiten majestätisch die Störche einher, ab und zu nach einem Frosch gabelnd. Manchmal ist auch der so selten gewordene schwarze Storch dazwischen. In hellen Juninächten stehen sie über ihrem Nest auf dem Dachfirst der Scheune und heben sich als feine Silhouette am Nachthimmel ab. Von den Vögeln Masurens und des Oberlandes wurde schon erzählt. Ostpreußen hat noch Plätze für wilde Tiere.

Man braucht sie nicht einmal immer auf den Feldern und in den Wäldern zu suchen. Man begegnet ihnen in den Büchern zahlreich genug. Da schreibt Rudolf G. Binding sein berühmtes Buch von den ostpreußischen Pferden — „alles Glück der Erde liegt auf dem Rücken der Pferde" — und Alfred Brust in seinem großen Roman „Eisbrand" läßt sogar ein Reich der Pferde entstehen. Da schreibt Agnes Miegel sommerlich und erdhaft von der Kuh Audhumla, um allen Kühen ein Denkmal der Dankbarkeit zu setzen, denn sie ernähren Menschen und Völker. Das Elchbuch von Martin Kakies berichtet in dichterisch beschwingter Sprache von den Elchen der Kurischen Nehrung und der Memelstrommoore, und Walter von Sanden-Guja erzählt, ebenso stark verdichtet, von seinem heimatlichen See und den vielen Wasservögeln. Georg Hoffmann jagt mit seiner Kamera die Vogelwelt der masurischen Seen. Nirgends scheinen die Menschen so innig mit ihren Tieren zu leben wie hier.

Die Straßen der kleinen Städte und Dörfer mit ihren Vorgärten und spielenden Kindern, mit ihrer Möglichkeit, weit in die Höfe und Häuser hineinzusehen, lassen Familienbilder von einprägsamer Kraft vor einem entstehen. Es ist ein Land der Mütter und Kinder und strahlt eine natürliche Herzlichkeit und Frische aus. Man schämt sich hier auch starker Gefühle nicht, und wenn man so eine rundliche Ostpreußin mit ihren Kindern sieht, möchte man wohl selbst gern „Tante" zu ihr sagen, so sehr wirkt ihre mütterliche Wärme über ihren eigenen Kreis hinaus ins Allgemeingültige.

Der Ostpreuße neigt überhaupt zur Fülle und Behaglichkeit, was sich schon in den reichen Zärtlichkeitsformen der Sprache kundtut. „Lieberchen, aber Ja-chen oder Du-chen" und ähnliche, oft originell und unbekümmert um Sprachgesetze abgeleitete Formen hört man genug auf Straßen und Plätzen.

Vielleicht ist hier der Ort, einige Ausführungen über die ostpreußische Sprache zu machen. Während der Westen stark vom Lateinischen herkommt und dessen Logik und Klarheit übernommen hat, ist die ostpreußische Sprache von slawischen Elementen beeinflußt und hat sich auch mehr an der Sprache der Lutherbibel entwickelt. Sie trägt Züge des Dumpfen, Wortfeindlichen, Gefühlsgesättigten, Urchristlichen, wie man vielleicht am besten an Ernst Wichert erkennen kann. Gegensätze liegen unverbunden und nackt nebeneinander. Man könnte dem Osten einen dynamischen und dem Westen eher einen statischen Stilakzent zuordnen. Mystische Grundzüge, die aus dem ostpreußischen Hang zur Sektiererei kommen, liegen ebenfalls im Wesen der ostpreußischen Sprache.

Da das ostpreußische Haus im allgemeinen eine Welle von Mütterlichkeit, Gastfreundschaft, Familienfreudigkeit und Kinderfreudigkeit durchzieht, so ist auch die Sprache von einer gewissen spürbaren Wärme. Sie bezieht sich mit geringer Distanz auf das Gegenüber. Auf die Diminutivformen, die aus dem Prußischen und Litauischen zu kommen scheinen und die der ostpreußischen Sprache eine ganze Skala von nuancierten Empfindungen und Stimmungen geben, wurde schon hingewiesen. Das Patriarchalische des Ostens durchdringt auch die Sprache. Sie macht keine hintergründigen Vorbehalte und spiegelt weniger die Zerrissenheit unserer Zivilisation. Sie ist im allgemeinen eine gesunde Sprache, die noch eine heile Welt als Voraussetzung hat und sich daher weder besonders krisen- noch problemsüchtig gebärdet.

Nicht mehr können wir über die echte Herzlichkeit der ostpreußischen Sprache und ihrer Menschen sagen, als es Agnes Miegel in ihrem Gedicht „Mutter Ostpreußen" getan hat:

> „Linkisch erscheinst du und plump den gewandten Geschwistern,
> Weil du rundlich und warm, wie sich's für Mütter gehört.
> Spöttisch sehen sie dein Kleid, das ländliche, selber gewebte,
> Grün wie die Wiesen am Haff, und dein blühendes Apfelgesicht.
> Sehen verwundert darüber auf deinem glänzenden Scheitel
> Mächtiger Zöpfe roggenblondes Geflecht.
> Heimlich lachen sie dann zu deiner behaglichen Rede
> Und böotisch klingt ihnen dein uraltes Platt.
> Doch für uns gibt es keine, dir an Schönheit vergleichbar,
> Klingt so lieblich uns nichts als deine Worte ins Herz.
> Denn mit ihnen, o Mutter, hast du uns gestreichelt,
> Riefst aus dem Kinderteich du lockend die Seelchen zu dir:
> Trautsterche, Duche, wo bist du? Putthännke, Putthoanke,
> Komm, mien Schoapke, to mi! Schusche Patrusche, schloap, schloap!"

Im Zusammenhang mit der Sprache seien auch ein paar Worte zum ostpreußischen Humor gesagt. Es gibt ihn, wenn auch leider manche Verzerrungen auf diesem Gebiet den ostpreußischen Menschen als bodenlos gefühlsselig, einfältig und rückständig darzustellen versuchen, wobei man dann erstaunt ist, daß man ihn sehr nüchtern, gegenständlich, kompromißlos, hart und starr vorfinden kann. Zwei Seelen leben, ach, in seiner Brust. Die vielfache Berührung mit fremden Völkern hat sehr deutlich einen rationalen, moralistischen Zug und einen irrationalen, gefühlsmäßigen und phantasievollen Zug im Seelenleben des ostpreußischen Menschen entstehen lassen und zu spannungsreichen, unharmonischen, gegensätzlichen Verhaltensweisen geführt, die den Fremden oft überraschen.

Die humoristischen Bücher von Robert Johannes, Dr. Lau und Marion Lindt sind weit über die Grenzen des Landes bekannt, und man kann auch Humorlose damit zum zwerchfellerschütternden Lachen bringen. Der ostpreußische Humor liegt teils in der Sprache, teils in überraschenden Antithesen, teils in den besonderen bäuerlichen Eigenschaften der Menschen. Die Langsamkeit des Denkens soll zum Beispiel in der Anekdote von den beiden Bauern, die nach Insterburg fahren, unterstrichen werden. Da sagte der eine am Morgen auf der Hinfahrt, indem er mit dem Peitschenstiel auf die Felder zeigt: „Der Roggen steht gut!" Erst auf der Rückfahrt, als sie an derselben Stelle vorbeikommen, sagt der andere: „Der Weizen auch!" Wegen ihrer Schlagfertigkeit waren die Fischweiber in Königsberg berühmt. Da gingen zwei Studenten über den Fischmarkt. Einer hielt sich die Nase zu und sagte: „Das stinkt aber!" Da schrie ihn eine Frau an: „Wat is denn, Härrke, habe Se de Hose voll!" Unter dem Gelächter der Umstehenden mußten die Herren Studenten flüchten und hörten hinter sich eine Schimpfkanonade, in der die Worte Lachudder, Luntrus, Lorbas, Labommel und andere vorkamen.

Ähnlich schlagfertig ist folgende Szene: Ein hoher Regierungsbeamter, der ungewöhnlich beleibt ist, versucht auf der Straße in ein Auto einzusteigen, zuerst mit dem Kopf, dann von der Seite, dann von hinten — es gelingt ihm nicht. Ein paar Leute sehen dem Bemühen lachend zu, und eine Frau sagt gemütvoll: „Hären Se mal, Härrke, ei wenn Se sich möchten nackt ausziehen und mit griene Seife einschmieren — vleicht geht's dann!"

Auch die Sprichwörter und Weisheiten haben diese humoristische Hintergründigkeit: „Läwer god läwe on daför e Joahr länger!"

Ganz hervorragend sind die beiden humoristischen Bücher von Robert Budzinski „Die Entdeckung Ostpreußens" und „Kuri neru". Hören wir einen Abschnitt, der gleichzeitig für die ostpreußische Besiedlung und Namengebung sehr aufschlußreich ist:

„Bei meinen Wanderungen stieß ich wiederholt auf Ortschaften mit nicht sehr bekannten, aber desto klangvolleren Namen, so daß ich oft glaubte, mich in einer verzauberten Landschaft umherzutreiben. So fuhr ich einmal mit der Bahn von Groß-Aschnaggern über Liegetrocken, Willpischken, Pusperschkallen nach Katrinigkeiten, frühstückte in Karkeln, kam über Pissanitzen, Perkuiken, Jukenischken, Kuhdiebs nach Katzenduden, aß in Aschlackem Mittag, verirrte mich dann in Pudelkeim, Pupinnen, Bammeln, Babbeln und abendbrotete in Pschintschiskowsken, übernachten wollte ich in Kartzpanupchen, wo ich entdeckte, daß ich infolge der vielen mir vorgekommenen merkwürdigen Namen meinen eigenen Vatersnamen ganz vergessen hatte, was den Wirt in Kartzpanupchen mit Namen Strunzkeitski veranlaßte, mich fortzuweisen; so ging ich über Strontzken, Grondzken und Dumbeln nach Bumbeln und Budschißken, wo mir mein Name infolge der Klangähnlichkeit wieder einfiel. An den folgenden Tagen lernte ich noch kennen: Plampert, Purtzunsken, Kotzlauken, Mierunsken, Spirokeln, Wanagpuchen, Meschkruppchen, hörte noch von Spucken, Maulen, Puspern, Plumpern, Schabbeln, Wabbeln, wurde ohnmächtig und erwachte in Mierodunsken, wo mich der Landjäger von Uschpiauschken hingebracht hatte. Es dauerte lange, bis ich meine Sprache beherrschte; denn meine Zunge drehte sich mir fortgesetzt im Leibe um, so daß ich auf die Frage des Mannes, wohin ich wollte, sagte: Göbisknerg — Kösichgers — Knösiggerb — Königsberg. Der Beamte meinte: über Mischmiautzken oder Kampinischken, was mich so ärgerte, daß ich ihn mit Dammelskopp anschrie. ‚Das liegt an der anderen Strecke', sagte er entgegenkommend. So gelangte ich denn über mehrere -ischken, -unsken, -schkallen und -scheiten nach Königsberg. Ein Blick in den Eisenbahnfahrplan überzeugte mich, daß ich nicht geträumt hatte."

XI

Der Sinn für Familie und eigenen Besitz ist in Ostpreußen stark ausgeprägt. In den vielen kleinen Städten und Dörfern gibt es kaum Mietskasernen, jeder möchte sein Haus haben, auch wenn es nur einstöckig und aus Holz ist. Die bunten Bauerngärten hinter den Staketenzäunen blühen in heimlicher Stille. Strohdächer, Schilfdächer, bemoost und altertümlich, ziehen ihre Kapuzen tief ins Gesicht. Zu den weißgekalkten Wohnhäusern führt meistens eine breite Freitreppe empor. Hier sitzen die Landleute an schönen Abenden in behaglichem Gespräch, wenn ihnen die drängende Arbeit Zeit dazu läßt. Die Sommer sind kurz. Kaum erblüht, flammen sie mit ihren hellen Nächten empor und versinken dann schon wieder in Reife, Frucht und Ernte, bis der Altweibersommer durch die goldene Luft des Herbstes zieht und bald auch schon ein langer kalter Winter mit Schlittenglocken und Eisblumen an den Fenstern auf Monate die bäuerliche Welt um Herd und Ofenbank sammelt.
Viele Namen hat in diesen Gegenden mit langen Winternächten das Bett: Koje, Hotz, Bocht, Heiwing, Wirr und Halala für die Kleinen. Man schläft in Daunenbetten von unvorstellbarer Fülle; denn Gänsefedern gibt es hier genug. Man ißt gern gut und viel, trinkt froh und unbeschwert, sei es Grog, Messkinnes, Russer Wasserpunsch, Pillkaller und wie die Schnäpse alle heißen mögen. Man liebt die Pferde, die Jagd und alles Männliche und hat auch immer Zeit für Nachbarn und Freunde, für Besuch und fröhliche Feste, wobei gern gesungen wird. „Zogen einst fünf wilde Schwäne…", „Es dunkelt schon auf der Heide…", „Wo des Haffes Welle trecke an den Strand…", das sind Lieder, die weit über Ostpreußens Grenzen bekannt geworden sind, dazu das Ännchen von Tharau, die „ostpreußische Nationalheilige", wie sie Budzinski nennt.
In einsamen Gegenden findet man eine merkwürdige Neigung zu Weltflucht und Sinniertum, besonders im Memelland und in Masuren, und es scheint, als müßten die Menschen den Überhang an Lebensfreude und Sinnenlust irgendwie mit Schwermut bezahlen. Viel Volkstum hat sich hier gemischt, deutsches und prußisches, litauisches und masurisches. Die Salzburger und Hugenotten kamen dazu, in den Hafenstädten die Schotten, und in die uralten Siedlungen der Kuren und Wikinger haben wir erst in neuerer Zeit durch Ausgrabungen überraschenden Einblick bekommen.
Es wird immer vergebliches Bemühen sein, die Seelenhaltung eines Volkes vollkommen zu erfassen, aber auf eines muß noch hingewiesen werden. Zum Wesen des ostpreußischen Menschen gehört ein bestimmter Sinn für Ungebundenheit und Freiheit, ein hartnäckiges Anstehen gegen jeden Druck, von welcher Seite er auch kommen möge. Ostpreußen ist keine Provinz, sondern ein Land. Es wäre verlockend, den Freiheitsdrang der Ostpreußen an den Höhepunkten ihrer Geschichte nachzuweisen. Begnügen wir uns aber mit dem Ausspruch des großen ostpreußischen Schauspielers und Menschendarstellers Paul Wegner: „Ich glaube, daß

es des Ostpreußen Bestes ist, daß er sich nicht aufgibt und nicht des Scheines wegen nachgibt, sondern den Mut und die Kraft hat, er selbst zu sein."

Im übrigen ist es nicht wahr, daß Ostpreußen arm an geistigem Leben wäre; wahr ist allerdings, daß bedeutende Persönlichkeiten allzuoft in die Zentren des kulturellen Lebens abwanderten. Da ist auf einsamer Höhe Immanuel Kant, dessen Wort vom gestirnten Himmel und moralischen Gesetz nie vergessen werden kann, solange es eine menschliche Kultur gibt. Merkwürdig gegensätzlich prallen die ostpreußischen Geister aufeinander. Gottsched, der deutsche Literaturpapst des 18. Jahrhunderts, versuchte, dem deutschen Pegasus eine lammfromme Gangart aufzunötigen und rannte mit dem Metermaß hinter den Verszeilen her, während Hamann, der „Magier des Nordens", in reiner Gefühlsseligkeit über die Drahtverhaue eines in platte Vernunft versinkenden Jahrhunderts sprang. Arno Holz aus Rastenburg bastelte wieder, in vielem an Gottsched erinnernd, an der Form der naturalistischen Epik und Lyrik, Ernst Wichert und Alfred Brust aber tauchten in die tiefen Gründe der Symbolik und Mystik. Herder wird zum großen Anreger der Klassik und Sammler der Volkslieder der Welt, E. T. A. Hoffmann aber schießt seine geistreichen und gespenstischen Kapriolen und wird zum Vater des Surrealismus. Agnes Miegel holt aus dem Born der Sagen ihre erregenden Balladen und aus der Tiefe eines fraulichen Herzens ihre erschütternde Lyrik. Der weltgewandte Hermann Sudermann erobert sich mit seinen revolutionären Gesellschaftsstücken die Bühne der Welt von Berlin bis Tokio und wird eigentlich erst zum wahren Dichter an dem grandiosen Stoff seiner heimatlichen memelländischen Moore. Der Memeler Simon Dach singt das Lied vom Ännchen von Tharau und das von der Freundschaft, und seine Kirchenlieder atmen die gleiche Frömmigkeit wie die von Paul Flemming und Paul Gerhardt. Dem Pfarrer Georg Weissel gelingt in einer begnadeten Stunde das „Macht hoch die Tür, die Tor macht weit".

Und weiter in diesem Film der Begabungen: Max von Schenkendorf erhebt Schwert und Leier zum Freiheitskampf 1813, aber er weiß auch von innerlichen Dingen: Freiheit, die ich meine. A. K. Thielo besingt die zarten Stimmungen am Memelstrom, der ostpreußisch-jüdische Dichter Walter Heymann den mysteriösen Sand der Kurischen Nehrung. Der Geschichtsforscher Ferdinand Gregorovius aus dem kleinen Neidenburg schreibt eine epochemachende achtbändige „Geschichte Roms". Ludwig Rhesa klagt um sein von den Wanderdünen verschüttetes Heimatdörfchen Carwaiten, und der weltberühmte Vogelprofessor Thienemann beringt die Zugvögel, um ihre seltsamen Wanderwege zu erforschen, und beginnt im 20. Jahrhundert mit einer regelrechten mittelalterlichen Falkenbeize.

Wie reich und bunt sind die Wege ostpreußischen Geistes! Da ist auch der an Jean Paul erinnernde Theodor Hippel, der so merkwürdige Bücher schrieb wie „Über die bürgerliche Verbesserung der Weiber" und der als Stadtpräsident von Königsberg ein eifriger Kunstsammler war. Zacharias Werner gilt als der Urheber der deutschen Schicksalstragödie und wird neben Goethe und Schiller genannt, aber seine disharmonischen Charakteranlagen zerbrachen ihn. Paul Fechter ist der bekannte Literaturhistoriker und eifrige Förderer der ostpreußischen Begabungen. Frieda Jung, Johanna Ambrosius, Johanna Wolff — wie viele Namen tauchen noch auf! Unter den jüngeren Schaffenden denkt man an Wilhelm von Simpson mit seinen „Barrings", an Ottfried Graf Finckenstein, an Charlotte Keyser, Martin Borrmann, Hannsgeorg Buchholtz, Paul Brock, Fritz Kudnig, Walter Scheffler, Gertrud Papendick, Siegfried

Lenz, Willy Kramp, Hans-Joachim Haecker, Tamara Ehlert, Ruth Geede, Ewald Swars und andere, und man spürt, wie unmerklich die Zeit sich wandelt und neuem Schaffen mit neuen Ausblicken, Betrachtungsweisen und Stilvariationen Raum gibt.

Das ist der Reichtum ostpreußischen Geistes. Viel mehr kann man von einer Provinz, die einen so ungeheuer großen Teil ihrer Bevölkerung an Berlin und den industriellen Westen abgegeben hat, nicht erwarten. Dabei darf man nicht vergessen, daß die realistische und tatenfreudige Einstellung des Ostpreußen eigentlich mehr zu Seefahrt, Politik, Soldatentum und Wirtschaft drängt als zur künstlerischen oder wissenschaftlichen Betätigung. Große Maler, wie Michael Willmann, Walter Leistikow, Lovis Corinth und Käthe Kollwitz, große Soldaten, wie Hindenburg und von der Goltz-Pascha, große Schauspieler, wie Paul Wegner, große Kritiker, wie Paul Schlenther, der Ibsen und Gerhart Hauptmann die Wege ebnete, bedeutende Politiker, wie der SPD-Vorsitzende Kurt Schumacher und der Memellandpräsident und nachmalige Staatssekretär Dr. Ottomar Schreiber, waren im ostpreußischen Raum immer seltener als im menschenüberfüllten Westen. Auch der Lehrer Richard Schirrmann, der Schöpfer der deutschen und internationalen Jugendherbergsbewegung, mag hier genannt sein.

An Sagen, Märchen und abergläubischen Vorstellungen ist man im Lande der Wälder und Seen nicht ärmer als sonstwo. Alte Opferplätze und heilige Haine gibt es genug, und wenn man erfährt, daß noch im 16. Jahrhundert in abgelegenen Gegenden den alten Prußengöttern geopfert wurde, dann spürt man etwas vom Unterschied zwischen dem Rhein und dem Memelstrom. Teufelssteine liegen in allen Schluchten, und vergrabene Schätze bedeuten in der Phantasie des Volkes immer noch eine unheimliche Lockung. Die Bernsteinhexe treibt ihr Wesen, die Kornmuhme zieht durch die Felder, der Stinthengst haust in den Gewässern, die Eulen künden des Nachts den Tod an, und schwarze Katzen wie auch das Rabengekrächze sind keines Menschen Freude. Gespenster huschen um alte Burgruinen, tote Gutsherren steigen aus ihren Grabgewölben und gehen mit ihrem Krückstock über die Felder. Den Toten legt man ein Licht und die Streichhölzchen bei, damit es unten nicht so dunkel ist, und bei den Totenfeiern siegt oft lärmend die Lebensfreude, daß man den Sarg in einer Ecke hochkant aufstellt, um Platz zum Tanzen zu haben. Die Pferde zeigen den Tod an, können in der Johannisnacht sprechen, und man kann mit ihnen das Feuer „ausreiten". Junge Mädchen suchen in den Bächen das Spiegelbild ihres Zukünftigen, beteiligen sich am „Schmackostern" und holen aus den katholischen Kirchen Weihwasser, auch wenn sie evangelisch sind, weil das stärkere Wirkung hat. Wölfe heulen des Nachts meistens nur noch in alten Geschichten, weil sie die Förster, wenn sie einmal aus Rußland überwechseln, allzu rasch abschießen, aber die Auerochsen weiden wieder ruhig in der Rominter Heide.

Seltene Pflanzen, die meistens unter Naturschutz stehen, wie der Stranddistelbusch oder die nordische Linnäa auf der Kurischen Nehrung, die seltene Frauenschuhorchidee in den Wäldern Masurens, Wiesenwollgras und Porst in den Mooren, Seerosen und Mummeln auf den vielen Gewässern, Seidelbast, Wiesenkuhschellen und die Arnika erfreuen das Herz des Naturfreundes, wenn er ihnen auf seinen einsamen Wanderungen begegnet.

Von Festen und Feiern, Essen und Trinken war schon mehrfach die Rede, aber den ostpreußischen Leibgerichten sollte man doch eine nähere Betrachtung widmen, vielleicht mit den anspruchslos heiteren Versen eines unbekannten Volksdichters:

„Kartoffelsupp mit Würstchen und Königsberger Fleck,
Schrotbrei, Kissehl und Keilchen und Erbsensupp mit Speck,
Drei Teller Bartsch von Beeten und Bratwurst noch dabei,
Die Sauerampfersuppe mit Rindfleisch und mit Ei,
Schwarzsauer mit Gekröse, Glumskeilchen, rund und glatt,
Das waren Leibgerichte, die machen jeden satt.
Dazwischen mal ’nen Hering und Flundern, Aal und Stint,
Und sauersüße Bohnen, wenn sie am dicksten sind.
Piroggen, Schaltinoßen und Königsberger Klops,
Und abends Schmant mit Glumse, dann schläft man wie ein Mops!“

Verlassen wir die Mitte des Landes, nicht ohne seinen kleinen Städten Heiligenbeil, Kreuzburg, Zinten, Friedland, Bartenstein, Preußisch-Eylau, Domnau, Gerdauen, die im wesentlichen zu der reichen altpreußischen Landschaft Natangen gehören, einen kurzen Besuch abzustatten. Hier liegt auch das große Zehlaubruch, ein Hochmoor, das immer noch, einzigartig in Deutschland, am Wachsen ist und so seltene Pflanzen beherbergt wie den Sonnentau.

Mitten durch Ostpreußen fließt ein sehr preußischer Fluß, der Pregel, der nicht, wie die meisten Flüsse Deutschlands, aus fremdem Land kommt. Vor dreihundert Jahren wucherte noch die Grenzwildnis zwischen seinen Quellen. In diese Gegend glaubte der Königsberger Professor Hasse in einer gegen Ende des 18. Jahrhunderts veröffentlichten Schrift das Urland der Menschheit und das Paradies verlegen zu können, ein Gedanke, der damals außerordentliches Aufsehen erregte. Nun steht hier auf fruchtbarem Bauernland manche schöne Stadt, Goldap an seinem hübschen See, Eydtkuhnen an der Grenze, Angerburg mit seinem schönen Wasserschloß. Da ist das von den Salzburgern gegründete Darkehmen, und Gumbinnen, die Regierungshauptstadt, verdankt ihr Dasein der Fürsorge König Friedrich Wilhelms I. Vor dem Regierungsgebäude steht sein von der Meisterhand Rauchs geschaffenes Denkmal, und auch das riesige Elchstandbild vor dem alten Magazin bleibt in plastischer Erinnerung. Das Land ist reich an großen Gütern und Schlössern, wobei wir vor allem an den Renaissancebau des Schlosses Beynuhnen denken. An sonnigen Herbsttagen durch die weite Rominter Heide zu wandern, das ist für jeden eine Freude, auch wenn er kein Gewehr auf dem Rücken trägt. Das Jagdschloß mit dem Denkmal eines kapitalen Hirsches war der Lieblingsaufenthalt des letzten deutschen Kaisers.

Dort, wo sich die Quellflüsse zum eigentlichen Pregel sammeln, liegt im lieblichen Instertal eine rasch gewachsene Stadt: Insterburg. Man geht gern durch die modernen und zugleich behaglichen Straßen, sieht sich das Schloß an und die Lutherkirche mit ihrer barocken Innenausstattung und kann auch, wenn man Glück hat, an einem Pferderennen auf dem Turnierplatz Georgenhorst, der als die schönste und schwerste Kampfbahn Deutschlands bezeichnet wird, teilnehmen. Am Bahnhof spürt man am Verkehr, wie hier die Schienen netzartig nach allen Seiten laufen. Es ist die Stadt Ernst Wicherts, Paul Schlenthers und Wilhelm Jordans, der die „Nibelungen“ umdichtete und die „Ilias“ und „Odyssee“ übersetzte. Flußabwärts spiegeln sich Wehlau und Tapiau, die Geburtsstadt von Lovis Corinth, mit ihrer kleinstädtischen Verträumtheit im Wasser des Pregels.

„Von der Maas bis an die Memel" singen wir in unserem Nationallied, aber die wenigsten Deutschen haben eine Vorstellung von dem Strom im nordöstlichen Grenzraum. Er ist hier Vater aller Dinge. Auch das Kurische Haff und die Kurische Nehrung sind wunderbare Einfälle seiner Phantasie und Kraft. Er hat Zeit, sich in vielen Armen und Teichen zu verschwenden, breit ist sein Urstromtal, mächtig zieht er mit dem Heer der Wolken, die sich in seiner Bläue festlich spiegeln. Der Wind geht mit ihm, die Gewitter laden vor ihm die Last ihres Zornes ab. Die Fischerdörfer unter hohen Sturmweiden schmiegen sich an seine Ufer, Kinder spielen im Schilf, Frauen waschen an seinem Strand, die weißen Segel der Fischerkähne ziehen geruhsam über die dunkle Wasserfläche. Die Netze hängen an hohen Stangen zum Trocknen, und man sieht durch sie hindurch die Fischerdörfer wie unter einem geheimnisvollen Schleier liegen.

Die Brücken bei Tilsit, die sich hochgewölbt von Ufer zu Ufer schwingen, haben etwas Luftiges, besonders, wenn die Abendröte, die in der Gegend von einer brennenden und unwahrscheinlichen Farbenpracht ist, durch das Netzwerk der Brückenbögen schimmert. Die Lichter von Tilsit und Ragnit erhellen in dieser Weite die einsame Nacht und funkeln bis zum großen, dunklen Juraforst hinüber. Es ist die Stadt, wo Preußens schönste Königin sich vor Napoleon demütigen mußte und wo man auf einem Floß mitten im Strom zwischen Alexander und Napoleon die Aufteilung Preußens aushandelte. Damals nahm man ausnahmsweise die westliche Hälfte bis zur Elbe fort, während heute die umgekehrte Möglichkeit praktiziert wird.

Es ist die Stadt, in der das Denkmal Schenkendorfs steht:

> „Weiter, weiter mußt du dringen, du mein deutscher Freiheitsgruß,
> Sollst vor meiner Hütte klingen an dem fernen Memelfluß …"

Hier trieb der alte Gisevius seine volkskundlichen Untersuchungen, hier litt sich Johanna Wolff vom armen Hanneken zur deutschen Dichterin empor, und die arme Bäuerin Johanna Ambrosius sang ihr inbrünstiges Heimatlied: „Sie sagen all, du bist nicht schön, mein trautes Heimatland." Charlotte Keyser, die den großen geschichtlichen Roman dieser Stadt in „Schritte über die Schwelle" schrieb, mußte die schwere Flucht erleiden:

> „Fern im verlorenen Osten steht die geliebte Stadt,
> Heilig ist die Stätte, wo der Mensch seine Heimat hat,
> Heilig sind die Bilder, die tief im Herzen erstehen,
> Heilig die stillen Gedanken, die suchend nach Hause gehen."

Der Park Jakobsruhe mit den stillen Teichen, dem Memellandhäuschen und dem Denkmal der Königin Luise, das Grenzlandmuseum mit reichen Funden zur Geschichte des Landes, das hervorragende Theater, die heitere Gastfreundschaft dieses besonders stattlichen und gesunden Menschenschlages, das alles macht Tilsit zu einer liebreizenden und eleganten Stadt, der „Stadt ohnegleichen", wie ihre Bewohner sie gelegentlich nennen.

Der Strom gewinnt seine ganze Schönheit aber erst dort, wo er in sein breites Mündungsland einzieht. Wiesen in unendlicher Weite, dunkle Moore mit ihren kleinen Häuschen im Erlengestrüpp, feste Dämme, von denen man weit ins Land schaut, geben ihm ein feierliches Geleit. Silberweiden stemmen sich überall gegen die Weite des Himmels, Störche stehen wie einsame Philosophen auf den Heuhaufen.

Im Juni strömen die Bauern von der Höhe des Landes zur Heuernte herbei. Dann verleben sie Tage und Wochen in Zelten oder einer Art Wagenburg, wobei abends die Lagerfeuer überall aufleuchten, die Schifferorgel ertönt und zwischen den duftenden Heuhaufen getanzt, erzählt und geschwärmt wird. Kaum nimmt dieses Stückchen Bauernromantik mit den abfahrenden hochbeladenen Heuwagen ein Ende, dann wird es wieder still in dem weiten Wiesenraum, und die Elche, Störche, Schnepfen und Möwen werden wieder die ungestörten Herren dieser Einsamkeit.

In viele Mündungsarme aufgespalten, haucht der große Strom zwischen Schilfwäldern und Inseln, vom schrillen Geschrei tausender Wasservögel begleitet, sein mächtiges Leben aus. Ein Großer stirbt, und eine herzbeklemmende Schwermut erfaßt einen in dieser überlebensgroßen Landschaft aus Sumpf, Schilf und Wasserweiten.

Wenn man aber den Blick erhebt, sieht man jenseits des Kurischen Haffes in dunstiger Ferne die gelben Dünen aufleuchten: es ist die Kurische Nehrung. Wie ein sanft gebogener Degen teilt sie Meer und Haff, ein Degen, dessen fester Griff am Samlandsockel bei Cranz liegt, und dessen Spitze unentwegt auf Memel deutet. Dieses Eiland wird wegen seines Friedens und seiner versonnenen urlandschaftlichen Schönheit als Ergebnis eines achten Schöpfungstages bezeichnet. Grüner Wald, gelbe Dünen, stille Heiden voll Birken und Wacholder, Moorlöcher und Suhlen, in denen der Elch bei brütender Mittagshitze Labung sucht, Schilfbuchten am Haff, ewig rauschendes Meer mit seinem breiten, sauberen, feinsandigen Strand, an dem man so gut von Ferien und Freude träumen kann — das sind die Wunder der Nehrung. Fahrten ins Elchrevier, weiße Bäderdampfer, Frauen, die Flundern räuchern, der Geruch der fettbraunen Aale, weiße Sommerwolken gehören dazu. In dem Wüstenraum und Tal des Schweigens bei Nidden wird der Mensch zum Kriechtier, der mit leiser Angst hier alle gewohnten Maße zwischen Wasser und Sand zu verlieren scheint. Aus ganz wenigen Bestandteilen, Sand und Meer, Sonne und Mond ist hier ein Naturwunder geworden, eine Landschaft, die in keine der übrigen Klassen einzuordnen ist und deswegen ein Ferien- und Reiseparadies außerhalb der übrigen Reiseländer wurde.

Das stille Sandkrug gegenüber Memel, wo die Königin Luise auf ihrer dramatischen Flucht erschöpft ankam und wo Kotzebue das Lied „Es kann ja nicht immer so bleiben, hier unter dem wechselnden Mond" dichtete, das tannenumrauschte Schwarzort, das unvergleichliche Nidden mit der Hohen Düne, dem Tal des Schweigens und dem Pestkirchhof, Pillkoppen, Rossitten und Sarkau, alles sind Perlen sommerlichen Friedens. In Rossitten stellte der ostpreußische Lehrer Ferdinand Schulz mit seinem aus „Besenstielen" selbst angefertigten Segelflugzeug im Jahre 1924 den Weltrekord im Segelflug auf, indem er acht Stunden und 25 Minuten in der Luft blieb. Leider verunglückte dieser bekannteste Segelflieger der Welt schon am 16. Juni 1929 mit einem Motorflugzeug bei Stuhm in Westpreußen. Rossitten ist ferner bekannt durch den Vogelprofessor Thienemann und seine Vogelwarte. Am 12. April 1938 starb er mitten unter seinen Tieren und Vögeln. Als der Sarg aus der kleinen Dorfkirche ge-

tragen wurde, umkreiste ein junger Seeadler ganz niedrig den Leichenzug, als wollte er als
Abgesandter der großen Vogelscharen den Toten grüßen, ein Anblick, der selbst die rauhen
Fischer rührte.

Schon Wilhelm von Humboldt, der so widerwillig nach Königsberg ging, sagte, die Kurische
Nehrung müsse man ebenso wie Italien und Spanien gesehen haben, wenn einem nicht ein
wunderbares Bild in der Seele fehlen soll. Um die letzte Jahrhundertwende waren es die
Maler, die hier ein neues Landschaftsmotiv entdeckten. Das Fischerleben mit seinen urväter-
lichen Eindrücken, der karge Raum um Haus, Netzstangen und Garten, die altkurische Tracht
von Mann und Frau und vor allem das ungeheuer flutende Licht über dem Sand ergaben
überraschende Stimmungselemente. Neben Max Pechstein und Ernst Bischoff-Culm, den Ent-
deckern Niddens, stehen Schmidt-Rottluff, Birnstengel, Burrmann, Heinrich Klumbis und
Alfred Partikel. Carl Eulenstein, in Memel geboren, wird durch verträumte Aquarelle unvergeßlich. Mollenhauer schwelgt gern in der flammenden Farbensymphonie der Nehrung, während Karl Knauf die dunklen Fischerkähne wikingerhaft zusammenballt. Kallmeyer ist der
Maler der Elche, und viele Gemälde, die man später in Dresden, München oder Düsseldorf
sehen konnte, feierten dieses einsame Eiland als eine epochemachende Entdeckung neben
Worpswede. Den Malern folgten Dichter und Musiker, und selbst Thomas Mann ließ sich in
Nidden ein Haus bauen, weil er seine Sommer dort verleben wollte, woran ihn die politische
Entwicklung in Deutschland hinderte.

An der Mündung des Kurischen Haffes liegt die alte See- und Handelsstadt Memel, die älteste
Stadt Ostpreußens. Sie wurde nicht vom Deutschen Ritterorden gegründet, sondern vom
Schwertbrüderorden, der von Riga aus nach Süden vorstieß, sie bildet daher die Nahtstelle
zwischen Ostpreußen und dem Baltenland, und da die Einbeziehung Litauens nicht gelang,
blieb diese Nahtstelle immer sehr schmal. Am 1. August 1252 betraten die ersten Ordens-
ritter das Gebiet und planten hier wegen des gewaltigen natürlichen Hafens eine große Stadt.
Es blieb ein Traum. Am 28. Januar 1945 um vier Uhr morgens verließ der letzte deutsche
Soldat Memel.

Immerhin war die Grenze, die 1422 am See Melno festgelegt wurde, die zweitälteste Grenze
Europas, bis 1918 das Memelland ohne Volksbefragung abgetrennt wurde. Es hatte nun
zwar ein gewisses Hinterland, mußte dafür aber einen harten zwanzigjährigen Volkstums-
kampf um seine politischen Rechte und seine deutsche Kultur ausfechten. Durch den Berliner
Vertrag von 1939, der von England anerkannt wurde, kehrte das Memelland in den deutschen
Reichsverband zurück, zu dem es annähernd siebenhundert Jahre auch gehört hatte.

Durch viele Brandschatzungen kriegerischer Art und große Brände blieb die Stadt gegenüber
ihren glücklicheren Schwestern Danzig, Königsberg und Riga zurück. Erst im 18. Jahrhundert gelangte sie durch einen umfangreichen Holzhandel zur Blüte, so daß damals so viele
Schiffe die Haffmündung füllten, daß man, wie der Chronist stolz berichtet, trockenen Fußes
zur Nehrung hinübergehen konnte. Einen Höhepunkt in der Geschichte bildete der Aufent-
halt der königlichen Familie 1807 in der Stadt, woran Gemälde im Rathaus und das Luisen-
denkmal in Tauerlauken erinnern. Auch viele Anekdoten aus jener bewegten Zeit haben sich
bei Memeler Familien erhalten. Auf einer Gesellschaft traf der König den bekannten Memeler Astronomen Argelander und fragte ihn leutselig: „Nun, was gibt es Neues am Sternhim-

mel?" Darauf Argelander: „Kennen Majestät eigentlich das Alte schon?" Sehr hübsch ist auch die Rechnung, die ein biederer Schuhmacher, der die Schuhe des Prinzen Wilhelm, des nachmaligen Kaisers Wilhelm I., repariert hatte, an den königlichen Hof schickte: „Seine königliche Hoheit den Prinzen von Preußen total versohlt und vernagelt = 6 Silbergroschen."

Ebensoviel Mut vor Königsthronen wie Argelander bewies auf andere Weise der General Yorck, der mit den Russen gegen den Willen des Königs bei Tauroggen einen Vertrag abschloß und damit den Befreiungskrieg einleitete. Die Memeler Ratsherren traten schon drei Tage vor dieser Konvention zu den Russen über, ohne um ihre Köpfe zu fürchten. Ebenso eigenwillig war der Reichsfreiherr vom Stein, Napoleons Gegenspieler, der in den schmalen Straßen Memels auf vielen Spaziergängen seine großen Ideen der Bauern- und Bürgerbefreiung wälzte.

Mitten in der Stadt sieht man von der Dange aus den schönen Turm der Johanneskirche, die Flachswaage, die Börse, die Brücken und das Theater. Das liebliche Mädchenbild des Ännchens von Tharau ist vom Theaterplatz an den Libauer Platz verlegt worden. Auch das Borussiadenkmal mit all den Großen der Befreiungszeit steht an der Dange. Es riecht nach Schilf, Holz, Teer, weitem Wasser und Schiffen.

Simon Dach wurde hier geboren, und Kants Vorfahren trieben in der Memeler Ecke ihr ehrsames Sattlerhandwerk. Heinrich Schliemann gewann in dem damals reichen Memel die Mittel, die er zur Ausgrabung Trojas verwandte. In den politischen Kämpfen während der Eigenstaatlichkeit wurden besonders bekannt der Präsident des Direktoriums Dr. Ottomar Schreiber und spätere Staatssekretär in Bonn, der Schulrat Richard Meyer und spätere Vizepräsident des niedersächsischen Landtages und der letzte Oberbürgermeister Dr. Wilhelm Brindlinger, die sich alle auch schriftstellerisch mit den vielfachen Problemen des Memellandes auseinandergesetzt haben.

XIII

Wo die Nehrung am südlichen Ende wieder festes Land gewinnt, liegt hoch über dem Meer das schöne Samland mit seinen alten Bauernhäusern, den tiefen Schluchten und den reichen Kornfeldern. Es ist das Land, wo Adalbert von Prag von den heidnischen Prußen erschlagen wurde, ein Parallelfall zum Schicksal des Bonifatius. Das Land blieb auch zur Ordenszeit weitgehend im Besitz der Prußen. Im Christburger Vertrag von 1249 wurden die christlich gewordenen Prußen zu freien Menschen erklärt und ihnen bestimmte Besitz-, Erwerbs- und Erbrechte verliehen. Dieses festzuhalten ist wichtig gegenüber den polnischen Darstellungen, die dem Orden schwerste Unterdrückungs- und Ausbeutungstendenzen unterstellen. Erst nach den dauernden Aufständen im 13. Jahrhundert wurde ihre Freiheit eingeschränkt, wobei man berücksichtigen muß, daß auch die ursprünglich freien deutschen Bauern in eine immer stärker werdende Erbuntertänigkeit hineingezwungen wurden. Dadurch näherten sich die sozial herabgesunkenen Deutschen den Prußen, und alle Bemühungen des Ordens, Fraternisierungsbestrebungen zu unterbinden, blieben erfolglos. Es kam zu Ehen zwischen Deutschen und Prußen und damit zu einer fortschreitenden Vermischung beider Völker, wobei die Prußen langsam in die deutsche Kultur und Sprache hineinwuchsen. Wenn man heute die

Frage stellt: „Wem gehört Ostpreußen?", dann kann man nur antworten: „Keinesfalls den Russen oder Polen, die niemals hier gesiedelt haben, sondern eben den Ostpreußen selbst, die in sich das Blut sowohl der deutschen Siedler als auch der christianisierten Prußen tragen."

Selten hat die Natur eine so wilde Uferlandschaft geschaffen wie an der samländischen Steilküste, der Bernsteinküste, von wo her auch ganz Ostpreußen oft als das Bernsteinland bezeichnet wird. Hoch wandert man auf schmalem Pfad durch alte Wälder, die sich oft in gepflegte Parks verwandeln, und eine Reihe wunderschöner Bäder schmiegt sich an dieses zerrissene Ufer. Da ist Cranz am Sockel der Nehrung, das mondäne Bad der Königsberger, da ist Neukuhren, da ist Rauschen mit seinem tiefen Waldsee, da ist Georgenswalde mit seiner besinnlichen Heideschönheit und vor allem Warnicken, wo die Steilufer ihre ganze Wildheit entwickeln und der Wald voller Glockenblumen und Lupinen steht. Von hier aus schaut man schon zum Brüsterorter Leuchtturm hinüber, der des Nachts die Schiffe vor diesem gefährlichen Steilufer warnt. Mitten im Land liegt der Galtgarben als höchste Erhebung, ein alter Opferberg der Prußen, der jetzt im Winter Tausende von Königsbergern zum Skilauf und Rodeln versammelt.

Am südlichen Samland tut das Frische Haff sich auf mit seinen stillen Schilfbuchten und einer Nehrung, die, wenn auch nicht so ursprünglich wie die Kurische Nehrung, doch Reize genug birgt, besonders im südlichen Teil, wo Narmeln und Kahlberg die Badegäste aus Danzig und Elbing anlocken und die Fischer statt des kurischen Weißen den aus Wacholderbeeren gewonnenen Machandel zum Rauchaal in die ewig durstigen Kehlen rinnen lassen.

Die Seefestung Pillau, in Lage und Stadtplanung sehr an Memel oder Swinemünde erinnernd, ist die Geburtsstätte der ersten preußischen Flotte unter dem Großen Kurfürsten und zugleich der Vorhafen Königsbergs, das sich durch den Seekanal mitten durch das Haff einen Zufahrtsweg für große Seeschiffe geschaffen hat. Nach Stettin war Königsberg der größte Ostseehafen mit etwa 4000 ankommenden Seeschiffen jährlich.

Hier vor den Toren der Landeshauptstadt, in der Handel und Wirtschaft der Provinz zentralisiert sind, seien einige kurze Ausführungen zur Wirtschaft Ostpreußens überhaupt gemacht. Im großen gesehen, litt sie daran, daß das russische und das polnische Hinterland aus politischen Gründen meistens versperrt waren. Immerhin gab es leichtere Zeiten, in denen der Handel florierte, und außerdem hatten die eisfreien Häfen Danzig, Königsberg und Memel an sich eine günstige Lage. Ostpreußen ist ein Agrarland, und von seinen zweieinhalb Millionen Einwohnern beschäftigen sich gegen 62 % mit der Landwirtschaft. Trotz des Liedes „Land der dunklen Wälder" hat Ostpreußen viel weniger Wald als etwa Bayern oder Hessen, aber dieser Wald wirkte durch große zusammenhängende Waldflächen. Als die Deutschen das Land besiedelten, haben sie die Prußen nicht etwa aus ihren Häusern verjagt, sondern selbst den Wald gerodet. Auf diese Weise entstand eine unverhältnismäßig große landwirtschaftliche Nutzfläche, die etwa der Hollands entspricht. Die Getreideernte ergab etwa 20 % des Aufkommens der heutigen Bundesrepublik. Auf viehzüchterischem Gebiet erbrachte das Land besondere Ergebnisse, sowohl qualitativ als auch quantitativ. Das ostpreußische Pferd, von dessen internationalem Ruf schon gesprochen wurde, stand an der Spitze der züchterischen Bemühungen. Die Provinz besaß nur etwa 70 000 Pferde weniger als Großbritannien. In der Rindviehzucht erreichte sie nicht ganz den Status der Schweiz, aber die durchschnittliche

Milchleistung im Jahr je Kuh übertraf bei weitem die der Bundesrepublik oder der Schweiz, was für das ostpreußische Herdbuchvieh spricht. Ostpreußen stellte 44 % des deutschen Hartkäses her, in erster Linie Tilsiter Käse, neben einer großen Buttererzeugung. Die Überschüsse der Landwirtschaft gingen vorwiegend nach Berlin, Leipzig und dann in die großen Städte des Ruhrgebietes. Daneben waren die Holzindustrie, die Fischerei, die Eisenindustrie von einiger Bedeutung. Diese Leistungen wurden vollbracht, obwohl in der Zeit von 1870 bis 1910 mehr als 700 000 Menschen ihre Heimat verließen, um im Ruhrgebiet als Arbeiter, in den deutschen Großstädten als Hausmädchen, Krankenschwestern, Verkäuferinnen eine Lebensaufgabe zu finden. Der Geburtenüberschuß des Landes hat dem Westen somit laufend gesunde und arbeitswillige Kräfte zugeführt.

Die beiden Attraktionen der Provinz sind der Elch und der Bernstein. Das uralte Wild fand in Ostpreußen auf der Kurischen Nehrung und in den Mooren des Memelstromgebietes noch eine ihm gemäße Heimat. Es nährt sich von Laub und Baumrinde, und wenn es mit seinen mächtigen Schaufeln und dem uralten Gesicht aus den Erlenbüschen einmal heraustritt, ist das für jeden ein atemberaubender Anblick. Weil der Elch so selten ist, geistern viele Geschichten und manche falschen Vorstellungen um seine Gestalt. Schon Cäsar wußte einiges Falsche von ihm zu berichten. Er greift nicht mit den mächtigen Schaufeln an, wie man vermuten könnte, sondern mit den harten Vorderläufen. Vor dem Krieg lebten etwa 1500 Tiere in Ostpreußen, wovon, da er unter Naturschutz stand, bei sorgfältiger Auslese um 200 Stück abgeschossen wurden. Viele Jäger aus fernen Ländern rissen sich um die Erlaubnis eines Abschusses. Schon auf dem Konzil zu Konstanz wurde dem Kaiser von Bewohnern des Memellandes ein Elch, wahrscheinlich ausgestopft, zum Geschenk gemacht, und die mächtigen Schaufeln sind heute noch bei Jägern ein begehrter Wandschmuck. Das Fleisch erinnerte im Geschmack an das Rind, die Decke wurde gegerbt und häufig in Försterhäusern als Teppich benutzt. Nach dem Krieg kam die Nachricht, daß der Elch von russischen Soldaten ziemlich wahllos abgeschossen worden sei und als ausgestorben gelten müsse. Inzwischen ist bekannt geworden, daß sich der Bestand wieder erheblich vermehrt haben soll. Wie sehr dieses Tier der Urzeit den Ostpreußen an das Herz gewachsen ist, beweisen die Elchschaufeln auf Fahnen und Abzeichen, wie schließlich auch als berühmtes Güteabzeichen für die echten Trakehner.

Der Stein, den die Frauen lieben, der Bernstein, ging schon in uralten Zeiten von der Samlandküste in die antiken Länder, wo er als Weihrauch in den Tempeln oder als Medizin gebraucht wurde. Besonders wertvoll sind die Steine mit eingeschlossenen Insekten. Man zählt unter diesen Einschlüssen um zweitausend Insektenarten, die wir heute gar nicht oder nur in abgewandelten Spielformen noch kennen. Das größte Stück wurde merkwürdigerweise nicht am Meer, sondern weit im Lande bei Gumbinnen gefunden, es wiegt 6750 Gramm und hat einen Wert von etwa 40 000 Mark.

In alter Zeit wurde der Bernstein durch Ablesen des Strandes gewonnen, er gehörte dem Staat. Zur Ordenszeit standen an der Samlandküste sogenannte Bernsteingalgen, wo die überführten Diebe ein klägliches Ende fanden. Später entwickelte sich eine primitive Technik des Bernsteinfischens, wo man mit Netzen an langen Stangen den Meeresgrund absuchte. Dann begann man zu baggern, bis man bei Palmnicken sogar Gänge unter das Meer trieb und den Bernstein bergwerksartig zu gewinnen suchte. Das wurde wieder eingestellt, und man ging an

geeigneten Stellen zum Tagebau über. In den Gruben von Palmnicken-Kraxtepellen wurden
jährlich 110 Tonnen Bernstein gewonnen und in der Bernsteinmanufaktur Königsberg ver-
arbeitet. Das ostpreußische Gold verwandelte sich meistens in Modeschmuck, wie er zu den
verschiedenen Zeiten gerade geliebt wurde.

Im Bernsteinzimmer des Königsberger Schlosses sind nicht nur die Wände aus Bernstein, sondern unzählige Truhen, Kisten und Kästchen, alte Fregatten, Tische und Möbel und allerlei
Schmuck in seinem Stilwandel aus der Ordenszeit bis heute. Wenn die Sonne in das Bernsteinzimmer schien, dann gab es ein Funkeln und Gleißen, daß der Besucher die Augen vor diesem
Glanz schließen mußte.

XIV

Königsberg in Preußen! Mit Ehrfurcht betreten wir diese Stadt, die Wiege des Königreiches
Preußen, die Heimat Kants, die Stadt, in der Yorck durch seine Ansprache an die Stände zu
Opferwilligkeit und zum Beginn des Befreiungskrieges aufrief und so eine neue europäische
Ära einleitete.

Es scheint notwendig, hier noch einmal deutlich die Situation des Anfanges darzustellen,
nachdem nun eine siebenhundertjährige Entwicklung in einer Katastrophe von immer noch
unfaßbarem Ausmaß geendet hat. Wie war das damals um das Jahr 1200? Entscheidend waren nicht völkische Belange, sondern christliche. Für den Bereich der römisch-katholischen
Kirche, zu der auch schon Polen gehörte, war das Vorhandensein einiger kleiner, noch immer
heidnischer Völker an der Ostsee untragbar geworden. Zu gleicher Zeit galt das auch für die
oströmische Kirche Rußlands. Man stand also im großen vor der Frage, ob Rom oder Byzanz
zuerst zufassen würde, und da mit einer Christianisierung notwendigerweise auch eine Besiedlung und Machtergreifung verbunden sein mußte, hieß das, ob Deutschland oder Rußland am Gestade der Ostsee Fuß fassen würde. Es gab in kleiner Form noch die Möglichkeit,
daß es Polen tat, aber die ersten Versuche Polens wurden von den tapferen Prußen so wuchtig zurückgewiesen, daß der polnische Herzog Konrad von Masovien den Deutschen Ritterorden zur Hilfe rufen mußte, der schon einmal in Ungarn und Siebenbürgen geholfen hatte.
So fiel die Entscheidung zugunsten einer deutschen Besiedlung, aber es muß dabei immer wie-
der hervorgehoben werden, daß das ganze christliche Abendland daran beteiligt war. Die
Bestallung des Ordens erfolgte durch den Kaiser Friedrich II. in der sogenannten „Goldenen
Bulle von Rimini" vom Jahre 1226 und durch mehrere Briefe des Papstes Gregor IX. Die der
Geschichte oft innewohnende Tragikomik wollte es, daß entscheidende Impulse von slawischer
Seite erfolgten, wie der Ruf des polnischen Herzogs von Masovien und die Gründung der
Stadt Königsberg durch den böhmischen König Ottokar II. im Jahre 1254.

So wittert und webt es von Geschichte und Tradition in den alten Mauern der Stadt. Die
Jahrhunderte rauschen an uns vorbei. Aus dem kleinen heidnischen Twangste wurde durch
Zusammenwachsen der Städte Altstadt, Löbenicht und Kneiphof, nicht ohne starke innere
Kämpfe und Differenzen, der Kern der Stadt, um den sich dann die Vorstädte legten und in
einem noch weiteren Ring, der die mittelalterlichen Festungswälle sprengte, die modernen,
parkartigen Wohnviertel wie die Hufen.

Überall, wo man bedeutende Bauten oder kulturelle Entwicklungslinien zurückverfolgt, stößt man auf das Wirken Albrechts I. Er muß eine wahrhaft faszinierende Persönlichkeit gewesen sein, und man sagt nicht zuviel, wenn man behauptet, daß er Ostpreußen noch einmal dem Deutschtum erobert hat, und zwar nicht mit dem Schwert, sondern mit den Waffen des Geistes. Er war es, der die Universität gründete, der bedeutende Männer herbeirief, der den Humanismus und die Renaissance hier Boden gewinnen ließ, der die Reformation einführte und damit eine Barriere gegenüber Polen aufrichtete und der schließlich den veralteten Ordensstaat in ein weltliches Herzogtum umwandelte. Durch die Museen wandernd, stoßen wir überall auf eine von ihm geförderte ernste Werkkunst, etwa in seiner Silberbibliothek, oder auf vorzügliche Gold- und Schmiedearbeiten aus seiner Zeit, und sogar, wenn wir das heutige Gesangbuch aufschlagen, finden wir Lieder von ihm vor, wie „Was mein Gott will, das g'scheh allzeit". Wohin die Entwicklung ohne diesen vorzüglichen Mann gegangen wäre, ist schwer zu sagen, da gerade zu seiner Zeit manche ostpreußischen Adligen aus hegemonialen Gründen sehr mit Polen liebäugelten, so daß noch ein Jahrhundert später der Große Kurfürst den Führer der widerspenstigen Adligen, den Obersten von Kalckstein, in der Festung Memel hinrichten lassen mußte.

Auch für Ostpreußen war der Große Kurfürst eine Schlüsselfigur, indem er durch seine Macht sich die Schweden und Polen vom Leibe hielt und der polnischen Lehnshoheit ein Ende setzte. Wir stehen im Schloß vor dem Gemälde des Königsberger Michael Willmann „Apotheose auf den Großen Kurfürsten". Welch ein mächtiges, herrschengewohntes Haupt! Während der Dreißigjährige Krieg Deutschland zerstörte, wuchsen und blühten hier die Künste um Simon Dach und seinen Dichterkreis. Königsberg wurde zur Brücke in die Neuzeit.

Der tatsächlichen Bedeutung konnte auch die Königskrönung von 1701 nur einen gewissen äußeren Glanz hinzufügen. Im Imperatorengewand, ein wenig posenhaft, steht der erste König am Schloß. Die Persönlichkeit, die ihm fehlte, konnte auch die Meisterhand Schlüters nicht zum Ausdruck bringen. Seitdem wurden fast alle preußischen Könige hier gekrönt, auch Wilhelm I., der mit gezücktem Schwert an der Südwestecke des Schlosses steht.

Zwischen den beiden Haffen liegend, vom Ostseewind umfächelt, der über die unendlichen Kornfelder des Samlandes heranweht, vor sich das große Land, so hat die Stadt eine Strahlungskraft entwickelt, die geistig und wirtschaftlich sehr weit über die Grenzen der Provinz wirksam wird. Es ist eine Großstadt und doch nicht eine so große Stadt, daß innere und äußere Kontakte, daß Gespräch und Begegnung unmöglich geworden wären. Vieles verraten schon die Gesichter der Menschen. Wirklichkeitstreue und ein Hang zum Gegenständlichen mischen sich darin mit einer Tendenz zum Irrationalen. Die Tradition der alten Königs- und Krönungsstadt, die man nicht nur in den Bauten, sondern auch in der dunklen Kleidung und in der würdevollen Haltung der alten Damen zu spüren meint, geht ohne Übergang in die tägliche Arbeitswelt der See- und Handelsstadt über. Wenn man die Stauer mit ihren blauen Anzügen oder die Seeleute mit ihren aufgekrempelten Ärmeln sieht oder im gedämpften Straßenlärm die Sirenen der großen Dampfer vom Außenhafen hört, könnte man auch an Hamburg oder Amsterdam denken. Aber es ist doch anders, es schwingt hier immer etwas von östlicher Weite, von Verantwortung und befehlsgewohnter Sicherheit mit und vor allem von preußischer Nüchternheit, Pflichterfüllung und schließlich Kargheit. Man lebt nie bis zum

Ende der persönlichen oder pekuniären Möglichkeiten, wie es eine plebejische Welt stets tut, sondern nur bis zu jener Grenze, die vom Charakter und von der Tradition bestimmt wird. Wenn auch E. T. A. Hoffmann seine Vaterstadt als „das Paradies der Sonderlinge" bezeichnet hat, wobei er wohl an Zacharias Werner, an Hamann, an Kant und, last not least, an sich selber dachte, so hat doch die Stadt nichts Geniales an sich, eher eine wohltuende Sicherheit und Bürgerlichkeit, die unter Umständen der fruchtbare Urboden aller schöpferischen Überhöhungen sein kann. Ohne Fleck und Marzipan, ohne einen Frühschoppen und eine Skatrunde, ohne einen Sommer an der Samlandküste und die nebligen Spätherbstabende bei einer Flasche Wein im „Blutgericht" ist einem echten Königsberger die Welt nur schwer vorstellbar. Die Stadt der reinen Vernunft ist sehr vernünftig, aber unter der Oberfläche gärt, wie bei allen Ostpreußen, jene brodelnde, gefühlsüberspülte disharmonische Welt, die wir bei vielen ostpreußischen Genialen staunend wahrnehmen.

Der Steindamm und das Schloß sind die uralte Mitte, von der durch den Pregel im Süden und den großen Schloßteich im Osten bestimmende Reize für das Stadtbild ausgehen. Auf sieben Bergen soll die Stadt sich über dem Samland erheben, und die Sieben scheint überhaupt hier eine heilige Zahl zu sein; denn Agnes Miegel singt:

> „In meiner Stadt im Norden stehen sieben Brücken, grau und greis,
> An ihre morschen Pfähle treibt dumpf und schütternd jetzt das Eis."

Es treibt noch mehr um die Pfähle und Brücken, die Atmosphäre von Kampf, Hunger, Not und Untergang, Ruinen ohne Ende und ein fremder Name: Kaliningrad. Aber was Agnes Miegel von dieser Stadt gesungen hat — es gibt keine Stadt, die in so feierliche Verse gehüllt ist —, das ist auf den weißen Flügeln der Möwen davongezogen und wird bleiben.

Vom Dom und den vielen Museen, von der Albertina und ihren zahlreichen Instituten, vom Botanischen Garten und vom Zoo, von den Denkmälern, der Sternwarte, den Regierungsgebäuden und Gerichten, den alten Speichern und Hafenecken, der Kunstakademie und den vielen Bibliotheken, vom Paradeplatz und den alten Kirchen zu erzählen, mag den Kommentaren vorbehalten sein, die den Bildern beigegeben sind. Das alles ist für eine Hauptstadt mehr oder weniger selbstverständlich. Auch daß im Domchor die letzten Hochmeister und vor allem Albrecht I. unter einem von Cornelius Floris in Antwerpen geschaffenen monumentalen Grabdenkmal ruhen. Weniger selbstverständlich ist es, daß hier ein Weiser mit Namen Kant seine Grabstätte gefunden hat, und daß er von einem von Rauch geschaffenen Denkmal mit lehrhaft erhobener Hand noch immer zu einer unsichtbaren Zuhörerschaft spricht.

HINWEISE ZU DEN BILDERN

VON RUDOLF NAUJOK

Im Gegensatz zur Zeit der Völkerwanderung, in der große Völker unter feindlichem oder wirtschaftlichem Druck ihre Heimat verließen und kein Andenken mehr an sie zurückbehielten, sind wir heute in der glücklichen Lage, die Heimat in Wort und Bild uns immer in Erinnerung rufen zu können. Dieses mag ebenso begrüßenswert wie auf der anderen Seite auch schmerzlich sein. Jedenfalls gehört es zu den Tatsachen, durch die eine technische Welt heute mit Kamera, Rundfunk und Fernsehen die Lebensumstände formt.

Das Land zwischen Weichsel und Memel ist infolge der Ströme, Seen und Haffe, der Wolken und Weite, des bunten, noch sehr ursprünglichen Volkslebens ein ausgesprochen fotogenes Land, und es wäre nicht allzu schwer, Bilder von hohem ästhetischen und künstlerischen Rang dem Leser zu bieten. Wenn diese Absicht in der vorliegenden Sammlung auch wesentlich mitschwingt, so ist doch eine andere Idee beherrschend, nämlich der Dokumentarcharakter. Die vielen Luftaufnahmen der Städte, das Eingehen auf Einzelheiten in einer großen Vielschichtigkeit sollen über den malerischen Aspekt hinaus den realistischen Tatbestand festhalten: Größe und Geltung der Städte, Lage und Örtlichkeit, Wirtschaft und Arbeitsverhältnisse, Sitten und Gebräuche, Land und Landschaft. Bilder sind immer mehr als Bilder. Für den, der sie recht betrachtet, werden neben den Erinnerungen auch neue informatorische Gesichtspunkte, neue Gedanken und Beziehungen wach, wie sie zu der Zeit, als wir noch in großer Selbstverständlichkeit die Heimat besaßen, gar nicht in das Bewußtsein treten konnten. Sie bilden die Voraussetzung dafür, die kontinuierliche Verbindung von Einst und Jetzt zu erhalten und die ungeheuerliche Problematik, vor die der verlorene deutsche Osten nicht nur die Vertriebenen, sondern auch jeden anderen stellt, innerlich und äußerlich zu bewältigen.

1—15 / KÖNIGSBERG IN PREUSSEN: Die Hauptstadt Ostpreußens und zweite Residenzstadt des ehemaligen Königreiches Preußen wurde im Jahre 1255 an Stelle einer Prußenburg gegründet und erhielt zu Ehren des dem Orden zu Hilfe eilenden Königs Ottokar von Böhmen den Namen Mons Regius, Königsberg. Sie liegt im Pregeltal, 9 km vom Frischen Haff, 40 km von der Ostsee entfernt, mit der sie durch den Königsberger Seekanal, der auch großen Schiffen die Zufahrt gestattet, verbunden ist. Die günstige Lage im Flußmündungsgebiet des Pregels, das im Norden vom Schloßberg, im Süden vom Haberberg begrenzt wird, ließ die drei Städte Altstadt, Kneiphof und Löbenicht, wenn auch unter wirtschaftlichen Rivalitäten, schließlich zusammenwachsen. Zerstörungen und Brände konnten die Entstehung neuer Stadtteile, des Tragheims, des Vorderen und Hinteren Roßgartens, des Sackheims nicht verhindern. Nach der Niederlegung der starken Befestigungen bildete sich ein grüner Vorstadtgürtel mit Gärten und Villen, in dem die Hufen mit Tiergarten, Freiluftmuseum und dem historischen Park Luisenwahl von besonderer Schönheit sind, aber auch Amalienau und Maraunenhof am Oberteich sind wunderbare Villenstädte. Fast in der Mitte der Stadt liegt das Schloß, großzügig geplant, aber infolge vieler Abbrüche und Umbauten stilmäßig nicht zu einer baulichen Einheit gelangt. Die Grundmauern des ganzen Nordflügels gehen noch auf die Ordenszeit zurück, auch die Kellerräume mit dem bekannten „Blutgericht", einer altertümlichen Weinstube, die jeder Ostpreuße gern aufsuchte. Im Jahre 1525 wurde die Ordensburg Sitz der Herzöge im säkularisierten Preußen, und am 18. Januar 1701 ließ sich hier der Kurfürst Friedrich III. von Brandenburg zum König von Preußen krönen und seitdem viele Hohenzollern. Neben der Kirche befand sich die Silberbibliothek Herzog Albrechts, über der Kirche der Moskowitersaal. Das Prussiamuseum war reich an ostpreußischen Altertümern, besonders aus vorgeschichtlicher Zeit. Ein Bernsteinzimmer zeigte in vielen Variationen die Möglichkeit, das „Gold des Samlandes" im Kunsthandwerk zu verarbeiten.

Die bewegte Geschichte der Stadt wird dem Besucher schon rein äußerlich durch eine Reihe von Denkmälern lebendig. Am Schloß sehen wir das Bronzestandbild Herzog Albrechts und Friedrichs I., ferner an der Südwestecke, sehr markant, das Denkmal Kaiser Wilhelms I. und des Fürsten Bismarck. Die Erinnerung an Hans Luther, den ältesten Sohn des Reformators, wird durch einen Granitwürfel, der an der Stelle des Altars der ehemaligen Altstädter Kirche steht, wach gehalten. Im Raum des Paradeplatzes begegnen uns das Standbild Schillers, ein Reiterbild Friedrich Wilhelms III. und das Bronzestandbild Kants von Rauch. Die Universität wurde 1544 von Herzog Albrecht gegründet und daher Albertina genannt. 1856 bis 1862 im Renaissancestil erbaut, zeigt sie in der Mitte der Fassade das Hochreliefreiterbild des Stifters, unten die Statuen Luthers und Melanchthons. Im Senatszimmer steht die Büste des achtzigjährigen Kant von Schadow.

Auf dem Kneiphof, der vom alten und neuen Pregel gebildeten Insel, steht der 1325 erbaute gotische Dom, der im 15. Jahrhundert als dreischiffige Hallenkirche umgebaut wurde. In ihm ruhen mehrere Hochmeister und Hohenzollernfürsten. Im Obergeschoß war die Wallenrodtsche Bibliothek untergebracht. An der Außenseite des Chors steht, von kubischen Säulen getragen, das Grabmal Immanuel Kants. Das Wohnhaus des „Weisen von Königsberg" ist nicht mehr erhalten, aber die alte Universität auf der Dominsel grüßt uns unter alten Bäumen, und hier, wo er gelehrt hat, abseits vom Betrieb der Stadt, glaubt man noch etwas von seinem Geist zu spüren.

Königsberg war zu verschiedenen Zeiten, besonders wenn im Reich Kriege oder Unruhen herrschten, sehr reich an geistigem Leben. Neben Kant sind die Namen Simon Dach, Gottsched, Hamann, E. T. A. Hoffmann, von Hippel, Zacharias Werner und Käthe Kollwitz unvergeßlich. In Königsberg schrieb Heinrich von Kleist seinen „Michael Kohlhaas". Um die Königin Luise sammelten sich während ihrer Königsberger Zeit Männer wie Stein, Scharnhorst, Schenkendorf, Clausewitz und Niebuhr. Ein berühmter Sohn Königsbergs ist auch der Freiherr von Hünefeld, dem 1928 der erste Flug über den Atlantik von Ost nach West gelang. Das kulturelle Leben in den letzten Jahrzehnten kristallisierte sich um die Universität und ihre vielen Bibliotheken und Institute, um die Museen, um die Kunstakademie, das Neue Schauspielhaus und die Oper, die Archive, die Handelshochschule, den Ostdeutschen Rundfunk und die Buchhandlung Gräfe und Unzer, der größten Buchhandlung Europas, die auch eine Sammlung von Kantbildnissen aufbewahrte.

Die wirtschaftliche Bedeutung Königsbergs wurde betont durch die Ostmesse, das Wirtschaftsinstitut für Rußland und die Randstaaten, die Börse, den Flugplatz, wie auch den neuen großen Bahnhof. Im 19. Jahrhundert blühte die Stadt durch den Handel mit Holz und Getreide, mit Hülsenfrüchten und Maschinen sichtbar auf, zumal sie den russischen Häfen gegenüber den Vorteil des eisfreien Hafens besaß und den kürzesten Weg zwischen Ostsee und dem Schwarzen Meer. Das mittelalterliche Speichergebiet der Lastadie mit dem Duft nach Korn, Teer und Heringslake spricht für die weltweiten Handelsbeziehungen. Nach einem Rückschlag, der durch den Versailler Vertrag eintrat, erholte sich das Wirtschaftsleben wieder. Der Handels- und Industriehafen erhielt neue Becken und mächtige Getreidespeicher. Rings um Königsberg die Ausflugsorte: Moditten, Metgethen, Haffstrom, Juditten, Groß-Heydekrug, Neuhausen, Arnau und Lochstädt.

16 u. 17 / DER UNTERE PREGEL: Das Leben und Treiben auf dem unteren Pregel wird von der Wirtschaftskraft Königsbergs bestimmt. Der Seekanal wurde zwischen den beiden Weltkriegen auf acht Meter vertieft, so daß auch die größten Schiffe den Königsberger Hafen anlaufen konnten.

18 u. 20 / LABIAU: Der Orden errichtete zum Schutze Königsbergs gegen Angriffe der Litauer über das Kurische Haff im Jahre 1258 die Burg Labiau, die etwa 2 km vor der Mündung der Deime in das Kurische Haff liegt. Der sich hier entwickelnde Ort erhielt 1642 die Stadtrechte. Die wirtschaftliche Bedeutung der Stadt wuchs mit dem Ausbau der Deime, einer Verbindung von Pregel und Memelstromgebiet, schon im 15. Jahrhundert, weil nunmehr Memel mit Königsberg und weiterhin Litauen mit Danzig eine im Gegensatz zur Ostsee ungefährliche Wasserstraße verband. Die Deimestraße hinab schwammen unermeßliche Triften Holz.

19 / TAPIAU: Wo die Deime sich aus dem Pregel abzweigt, lag die alte Prußenburg Sugurbi, die der Orden 1265 übernahm und ausbaute. Ende des 13. Jahrhunderts wurde die Burg auf die Ostseite der Deime verlegt. Zeitweise war die Stadt die Residenz Herzog Albrechts, der hier auch 1567 starb. Erst im Jahre 1722 verlieh Friedrich Wilhelm I. dem Ort das Stadtrecht. Handelspolitisch hat sie eine günstige Lage, da sie das Pregelgebiet mit dem Memelstromgebiet verbindet; seit 1860 gewann die Stadt den Anschluß an die Ostbahn. Am 21. Juli 1858 wurde hier Lovis Corinth als Sohn eines Gerbermeisters geboren. In der Kirche hängt sein berühmtes Bild „Die Kreuzigung Christi".

20: siehe Nr. 18

21 / FRIEDLAND: Eine Kreisstadt an der Alle, sie wurde vom Orden gegründet. Erste Erwähnung 1312. Es bestehen alte Reste der mittelalterlichen Stadtbefestigung und beachtenswerte alte Giebel, Lauben- und Fachwerkhäuser auf dem Markt. Die St.-Georgs-Kirche ist ein spätgotischer Backsteinbau des 14. Jahrhunderts. Ein Denkmal erinnert an die Schlacht von 1807. Die große Tiefland-Talsperre mit Ostpreußen-Kraftwerk und Stausee ist sehenswert.

22 / ZINTEN: Am Nordrand des Stablackgebietes, wo der Jäcknitzfluß in den Stradick mündet, lag schon vor der Ordenszeit eine Prußensiedlung. Der berühmte Pruße Sulenko, Fürst von Natangen, hat dieses Gebiet vom Orden für seine hervorragenden Dienste erhalten. Das Stadtrecht erhielt der Ort 1352 durch den Hochmeister Winrich von Kniprode. Der große rechteckige Marktplatz stammt aus ältester Zeit, während das Rathaus nach mehreren Bränden 1724 neu erbaut wurde. Im Volksmund wird die Stadt „Das Ausland" genannt, weil die Evangelischen sich in älterer Zeit nur ein Jahr im Bistum Ermland aufhalten durften und diese Bestimmung dadurch umgingen, daß sie einige Tage in das benachbarte Zinten reisten, womit dann wieder ein neues Jahr begann. Bekannter ostpreußischer Kinderspielvers: „Johann, spann an, zwei Rappen voran, zwei Ziegen nach hinten, wir fahren nach Zinten."

23 / BRANDENBURG: Landschaftlich reizvoll liegt dieses kleine Städtchen, auch als Bade- und Ausflugsort bekannt, an der Mündung des Frischings in das Frische Haff. Die Burg wurde 1266 durch den Markgrafen Otto III. gegründet. In der Nähe Korschenruh, wo der Student Kurt Schmidt seinen Weltrekord im Dauersegelflug aufstellte. Der Frisching fließt auch durch das schöne Kirchdorf Tharau, der Heimat von Ännchen Portatius, dem Urbild des „Aennchens von Tharau".

24 / SCHLOSS HOLSTEIN: Die Zeit von 1697 bis 1736 brachte Ostpreußen den Bau vieler glanzvoller Schlösser von großen Dimensionen. Holstein ist eines der frühesten Bauten der Hochbarockzeit. Das Schloß wirkt hoch und steil bis

in die Schornsteine hinauf und ist bemerkenswert durch die drei hohen mittleren Bogenfenster. Da es auf diese Weise an das Schloß Charlottenburg erinnert und auch an die Spreepartie des Kaiserschlosses in Berlin, vermutet man, daß Nehring der Baumeister war, ja, vielleicht auch sein bedeutendster Schüler, Andreas Schlüter. Holstein wurde 1697 als Jagdschloß für den Kurfürsten Friedrich III., der vier Jahre später in Königsberg zum König von Preußen gekrönt wurde, erbaut. Später ging es als Guts- und Lustschloß in den Besitz des Herzogs von Holstein über.

25 / DIE ORDENSBURG BALGA: Schon Jahrhunderte hindurch Ruine, hatte diese Burg, die sehr romantisch am Ufer des Frischen Haffes liegt, in der Ordenszeit die Aufgabe, die Besiedlung des Hinterlandes bis gegen Rastenburg hin zu sichern. Sie ist eine der ältesten Ordensburgen, gegründet 1239. Die Komturei Balga wurde 1499 aufgelöst. Im Dreißigjährigen Krieg richtete der schwedische König hier ein Kriegsdepot ein. Ende des 17. Jahrhunderts wurde die Burg allmählich abgebrochen, und ihre Steine wurden zum Festungsbau in Pillau verwendet.

26—31 / PILLAU UND FISCHHAUSEN: Die Stadt Pillau liegt auf der Südspitze einer 9 km langen Landzunge des Samlandes am Pillauer Seetief. Hier vereinigt sich das Frische Haff mit der Ostsee. Im schwedisch-polnischen Krieg besetzten die Schweden unter König Gustav Adolf den Ausgang der Stadt und legten den Grund zu der Zitadelle und der späteren Stadt. Der Große Kurfürst führte von hier aus seine Kolonial- und Marinepläne durch. Pillau nahm an dem großen Seehandel Ostpreußens teil, stand aber zeitweilig auch stark im Schatten von Königsberg. Das Erwerbsleben beruht auf der Versorgung der ein- und auslaufenden Schiffe. Im letzten Jahrzehnt war die Stadt Anlaufhafen für den „Seedienst Ostpreußen", für die Schweden-Amerika-Linie und die Finnland-Linie. Eine Bootswerft, die Deutsche Seefischereigesellschaft „Germania", zwei Fischkonservenfabriken, die große Fänge von

Sprotten verarbeiteten, und etwa fünfzig Motorkutter weisen auf die Bedeutung als Seestadt hin. Daneben gewann in letzter Zeit der Ausflugs-, Bade- und Fremdenverkehr immer mehr an Raum. Der Hafen, der schmale Leuchtturm, die niedrigen Häuser, die Segelboote und Schiffe, der Ruf der Sirenen, der Geruch nach Wasser, Tang und Teer und der Schrei der Möwen gehören zum Bild Pillaus. Ein Stadtarchiv und ein Heimatmuseum bewahren die Tradition der Gegend. Der Dichter Ernst Wichert, der Verfasser des „Heinrich von Plauen" und der ersten „Litauischen Geschichten", hat hier einen Teil seiner Jugend verlebt.

Das 1405 gegründete Städtchen Fischhausen am Nordufer des Frischen Haffes, drei Kilometer von der Ostsee, trägt ebenso wie Pillau den Charakter einer Hafenstadt, ohne dessen Bedeutung zu erreichen. In der Nähe liegt die alte berühmte Ordensburg Lochstädt, von der nur noch Reste vorhanden sind und in der Heinrich von Plauen seine letzten Lebensjahre verbrachte.

32—40 / DAS SAMLAND: So landschaftlich reizvoll und geschichtsträchtig das ganze Samland ist, so offenbart es doch seinen ganzen Reiz erst an der Steilküste. Auf einem schmalen Pfad über Hügel und durch romantische Schluchten und zerklüftete Wälder wandernd, hat man immer den Blick auf das silberglänzende Meer und das monotone Rauschen der Wellen im Ohr. Einsame Fischerdörfer, aber auch elegante Badeorte, sehr belebt, nicht nur von den Königsbergern, die zum Wochenende in Scharen an das Meer eilen. Das nördliche Samlandufer säumen wie Perlen die wunderbaren Kurorte Cranz, Neukuhren, Rauschen, Warnicken, Georgenswalde, Großkuhren und Kleinkuhren, wovon uns die Bilder eine Vorstellung geben. An der Spitze, wo das Nordufer jäh und felsig abbricht, steht der Leuchtturm Brüsterort, der des Nachts sein Licht weit über das Meer sendet. Die Westküste bis Neuhäuser und Fischhausen ist die eigentliche Bernsteinküste mit Palmnicken-Kraxtepellen, wo der Bernstein im Tagebau gewonnen wird. Mächtige Bagger

schaufeln die blaue Erde in Loren, die sie in eine
Wäscherei führen, wo die Erde unter Wasserdruck
fortgespült wird und die Bernsteinstücke von
Rüttelsieben aufgefangen werden. Neben Palmnicken das freundliche Fischerdorf Sorgenau, in
dessen Nähe die beiden prußischen Fliehburgen
des Großen und Kleinen Hausen stehen. Vor der
Dirschkeimer Schlucht befindet sich der Galgen-
berg, sehr markant, und erinnert daran, daß die
Bernsteindiebe im Mittelalter die Todesstrafe traf.
Der Wachtbudenberg bei Brüsterort ist ein ähnlich markanter Punkt mit einer überraschend schönen Aussicht. Die ganze Küste ist im Sommer ein
einziges frohes Ferienparadies mit buntem und
doch stillem und friedlichem Badeleben. Viele
Erzählungen von Agnes Miegel über ihre Kinderzeit in Cranz mögen davon auch den Fernstehen-
den eine Vorstellung vermitteln.

41—63 / DIE KURISCHE NEHRUNG:

Wo der Schlamm des Memelstromes auf den Sand
der Ostsee stieß, entstand vor etwa 8000 Jahren
ein schmaler Landstreifen, zuerst inselartig, dann
verbunden: die Kurische Nehrung. Die Haffseite
hat daher Moorboden, die Seeseite fliegenden
Sand. Seltene Pflanzen und eine reiche Vogelwelt
siedelten sich an. Die Attraktionen der Nehrung
sind die Wanderdünen, der Elch, die Vogelzüge
und der Treibsand. Nachdem im Siebenjährigen
Krieg die Russen große Wälder abholzen ließen,
erhob sich der Sand und wanderte im Sturm quer
über die Nehrung, wo er Dörfer, Kirchen und
Friedhöfe verschlang. In mühsamer Arbeit wurden die Dünen gegen Ende des vorigen Jahrhunderts aufgeforstet, und damit wurden die Wanderdünen zum Stehen gebracht und einige Haffdör-
fer vor dem Verschütten gerettet. Die Nehrung
ist rund 100 km lang. Die Nehrungsdörfer liegen
ausnahmslos auf der Haffseite, weil hier frucht-
barer Boden vorhanden ist. Die Fischer, meistens
kurischen Ursprungs oder Abkömmlinge der hier
oft eingefallenen Wikinger, leben von der See-
und Haffischerei und von einer sehr beengten
Landwirtschaft. Nachdem bis zur Wende des 18.
Jahrhunderts die Nehrung als ein furchterregen-

des, verlassenes Eiland galt, entdeckte der sich
nun der Natur mehr zuwendende Mensch allmählich ihre traumhafte Einsamkeit und Schönheit.
Damit entwickelte sich in zunehmendem Maße
das Badeleben und der Ausflugs- und Reisever-
kehr. Die Nehrung gehörte zu den internationalen
Klassen der Ferienländer. Von Norden nach Süden liegen hier folgende Badeorte: Süderspitze
und Sandkrug (beliebte Bäder der Memeler),
Schwarzort (hoher Tannenwald, Reiherkolonien,
früher Bernsteinbaggerei), Nidden (wohl das
schönste Nehrungsbad mit Hoher Düne, Tal des
Schweigens, Italienblick und einer berühmten
Malerkolonie), Pillkoppen (Segelfliegerschule),
Rossitten (Prof. Thienemann, der Vogelprofessor,
die Vogelwarte, Ulmenhorst, ein Möwenbruch),
Sarkau (große Flundernfischerei, Ende der Auto-
straße), Cranz (mondänes Bad der Königsberger).
Cranz und Sarkau sind nicht mehr sehr typisch
für die Nehrung. Das Sandgebiet beginnt erst
hinter Sarkau mit dem Weißen Berg. Der größte
Teil der Nehrung ist Naturschutzgebiet. Die einsame Landstraße, von deren Höhen man bald die
schäumende Ostsee, bald das weite blaue Haff
sieht, darf nicht von Autos befahren werden. Es
herrscht hier daher eine sagenhafte Stille. Die
Straße war der Fluchtweg der Königin Luise, begleitet von der Oberhofmeisterin Gräfin Voss und
ihrem Leibarzt Hufeland.
Die Bewohner sind so ursprünglich geblieben wie
ihr Land. Ihre Sitten und Gebräuche, ihre bunte
Kleidung, die niedrigen Holzhäuser mit den
blauen Fensterläden, die Verzierungen des Daches, das alles ließ die Feriengäste hier aufleben.
Die ungeheure Lichtfülle, von zwei großen Wasser-
flächen und weiten Sandfeldern widergespiegelt,
machte die Nehrung zum Malerparadies. Aber
auch die Dichter fanden hier starke Schaffens-
impulse. Namen wie Agnes Miegel, Hermann
Sudermann, Ernst Wichert, Charlotte Keyser,
Hansgeorg Buchholtz, Alfred Brust, Walter Heymann, Fritz Kudnig, Karl Boree lassen stets auch
die Nehrung in der Erinnerung wach werden.
Das Kurische Haff, etwa hundert Kilometer lang
und im Süden gegen fünfzig Kilometer breit, gehört natürlich zur Nehrung und bedeutet mehr

als nur einen Rahmen ihrer Schönheit. Die kurischen Fischerkähne, unten flach, damit sie die kurze Rollung des Haffes auffangen, sind durch ihre bunten Wimpel, eine Art Hausmarke, welche die Fischer selber schnitzen, berühmt. Das Haff ist im Osten kilometerweit flach, so daß man stundenlang in ihm herumwaten kann. Die Fahrrinne, von Bojen gekennzeichnet, ist ausgebaggert und führt an der Nehrung entlang. Hier ziehen die weißen Bäderdampfer ihren Weg. Das Ostufer des Haffes wird von mächtigen Schilfwäldern gesäumt, im Norden von Kiefernwäldern. In dem mächtigen Süßwassergebiet fangen die Fischer Aale und Zander, Barse und Stinte. Auf der Seeseite der Nehrung liegen die bauchig schweren Seekähne, in denen weite Fahrten unternommen werden, um Dorsche, Flundern und Lachse zu fischen. Ein besonders reizvolles Bild ist die Eisfischerei im Winter auf der dicken spiegelblanken Fläche des Haffes. Auch Segelschlitten von Memel, Tilsit oder Königsberg jagen in sportlichem Eifer über die traumhafte Eisunendlichkeit, und auch sonstige Schlitten, sei es zu Spazierfahrten, sei es um Torf oder Heu von der Landseite zu holen, beleben das einsame Haff an sonnigen Wintertagen.

64—68 / MEMEL: Über diese See- und Handelsstadt und ihr tapferes Ausharren während der Abtrennung und bei der Belagerung ist viel geschrieben worden. Aus der vom Ritterorden 1252 in der Dange-Haffecke gegründeten Burg entwickelte sich die Festung Memel und schließlich auch die bekannte Handelsstadt, die durch Holz-, Getreide- und Flachshandel im 18. Jahrhundert zum Teil sehr wohlhabend wurde. Die Haffmündung bildet einen natürlichen mächtigen Hafen, von den Molen flankiert, und ein Blick auf die Stadt, besonders bei dem abendlich leuchtenden Lichtermeer, täuscht fast eine Großstadt vor. Die Kirchen und Leuchttürme, die Petroleumtanks und Fabrikschornsteine geben der Stadt ein einprägsames Profil. Die Vorstädte Schmelz, Janischken und das besonders charakteristische Bommelsvitte, die weiten Holzhäfen, Werftanlagen, der Seehafen, der Fischereihafen tragen dazu bei. Mit-

ten durch die Stadt fließt die Dange an Börse, Rathaus, Landesdirektorium, Flachswaage und Markt vorbei. Auf dem Markt entwickelte sich während der Abtrennung durch die Anfahrt von litauischen Bauern von jenseits der alten Grenze ein sehr buntes, allerdings auch östlich getöntes Volksleben. Die Geschichte des Memellandes als Übergang von Ostpreußen zu dem baltischen Bereich ist außerordentlich bewegt und interessant. Das städtische Schauspielhaus war wegen seiner hervorragenden Leistungen im Osten sehr bekannt und bildete den Mittelpunkt eines vielschichtigen geistigen Lebens. In der Nähe die Ostseebäder, Försterei mit dem Steilufer der „Holländischen Mütze" und an der alten Grenze Nimmersatt, „wo's Deutsche Reich ein Ende hat".

69—78 / ÖSTLICHES HAFFUFER UND MEMELDELTA: Die Memel mit ihren fünf Mündungsströmen und einer Reihe von alten verschilften Wasserläufen bildet gegen das Haff hin eine ungeheuer große Wiesenweite, in der Moore und Wassereinbrüche, Erlenwälder und mächtige Schilfränder dem Elch eine wunderbare Heimat geben. Die Dörfer liegen unter hohen Bäumen hinter den Dämmen. Ein hoher Himmel mit seinen weißen Wolken überwölbt das Land wie eine Glasglocke. Die fruchtbare Wieseneinsamkeit, in der Störche und Reiher, Schnepfen und Kiebitze leben, ist der Reichtum der Gegend, zweimal im Jahr werden die Wiesen geerntet. Im Herbst sieht man die Kähne hochbeladen mit Kartoffeln, Zwiebeln, Gurken, Karotten, bauchigen gelben Kürbissen, Grünkraut und Kohl aller Art, und so fahren sie durch den Seckenburger Kanal und den Großen Friedrichsgraben zum Markt nach Königsberg oder durch die Gilge nach Tilsit oder den Rußstrom abwärts und über das Haff nach Memel. Im Winter liegt Eis und Schnee über der Weite, bis im Frühling große Überschwemmungen, aus denen nur die Häuser und Bäume hervorsehen, ein neues fruchtbares Jahr ankünden. Daneben Netze an Stangen überall, Fischerei auf dem Haff, auf der Knaup, auf den vielen Flüssen, und im Winter die schwierige Eisfischerei.

Von Norden nach Süden reihen sich die Dörfer an: Kinten, Minge, Windenburg mit Leuchtturm und Vogelwarte, Ruß, berühmt durch seinen großen Holzhandel und die Trinkfestigkeit der reichen Spediteure, Karkeln, Loye, Inse, Tawe, Gilge, Nemonien. Alle liegen so zu beiden Seiten von Mündungsflüssen, daß die Flüsse gleichzeitig die Dorfstraße bilden und so das Boot zum bevorzugten Verkehrsmittel wird, was der ganzen Landschaft etwas Spreewaldähnliches gibt. Im Winter spielte sich das ganze Volksleben auf dem zugefrorenen Fluß ab, so daß man an Bilder des niederländischen Malers Pieter Brueghel d. Ä. erinnert werden konnte. Als geschlossene Moor- und Waldlandschaft liegt hier der Ibenhorster Forst mit seinen Elchen. Eine kaum unterbrochene Moorlandschaft zieht sich längs des Haffes bis gegen Memel hinauf, von der nur das Agillamoor, das Große Moosbruch, das Augstumalmoor, Rupkalwer Moor und Pleiner Moor genannt seien. Im Bismarcker Moor spielt Sudermanns bekannte Novelle „Jons und Erdme", aus der man am besten die Mühen der Urbarmachung kennenlernen kann. Hier ist auch Heydekrug mit seinem großen Markt, bekannt als Geburtsort Sudermanns. Jenseits der Moore, wo schon das Gebiet der Roggen- und Kartoffelfelder beginnt, liegen in der sogenannten „Hohen Niederung" so stattliche und reiche Orte wie Neukirch, Heinrichswalde, Kaukehmen und Groß-Friedrichsdorf.

79—82 / TILSIT: An der Mündung der Tilse in die Memel wurde schon 1365 die Burg Splitter angelegt, die Stadt selbst erhielt erst 1552 ihre Stadtrechte. Das Zentrum bilden die Deutsche Straße längs der Memel und die Hohe Straße. Wunderbare Anlagen am Schloßteich, der Park Jakobsruh mit modernen Villenstraßen geben der Stadt ein modernes Gesicht. Sie hat den Vorzug gehabt, bis 1945 weder durch Kriege noch durch große Feuersbrünste zerstört worden zu sein, eine Seltenheit in Ostpreußen. Es wirkt daher alles wohlhabend, alles breit und reich angelegt. Auch das Straßenbild ist modern und sehr bewegt. In Tilsit standen 38 Sägewerke, um das Holz aus Rußland zu verarbeiten, und eine Zellulosefabrik.

Bemerkenswert ist das ausgedehnte Industrie- und Hafengebiet. Die geschichtliche Vergangenheit lernt man am besten aus Charlotte Keysers Roman „Schritte über die Schwelle" kennen, die Verbundenheit von Handelsstadt und Garnison. Für die neuere Zeit sprechen Hermann Sudermann in „Reise nach Tilsit" und Paul Brock, der das Leben auf dem breiten Memelstrom darstellt. Der Lyriker der Stadt ist A. K. T. Thielo. Das Grenzlandmuseum und Grenzlandtheater stehen im Mittelpunkt des geistigen Lebens. Max von Schenkendorf wurde hier geboren, dessen Denkmal nicht weit von der Memel steht, und auch der Vorgeschichtsforscher Gustav Kossinna. Mit drei großen Bogen schwingt sich die Luisenbrücke über den Strom, jenseits liegt Übermemel und der sagenumwobene Götterberg Rombinus. Der Turm der Deutschordenskirche mit seinen drei Kuppeln ist das Wahrzeichen der Stadt und gefiel auch Napoleon so, daß er ihn nach Paris bringen lassen wollte.

83 / RAGNIT: Die kleine Stadt mit 10 000 Einwohnern entstand aus der 1289 gegründeten Ordensburg, die den Einfällen der Litauer wehren sollte. Sie liegt ebenso wie Tilsit an der Memel und hat die gleichen Lebensbedingungen, nur daß sie sich nicht so entwickeln konnte. Die Stadtrechte wurden ihr erst 1722 verliehen. Der Dichter Wilhelm Jordan verlebte hier seine Jugend. In der Nähe liegt die romantische Hügellandschaft von Obereisseln. Auf der memelländischen Seite des Stromes liegen die großen Kirchdörfer Schmalleningken, Wischwill, Willkischken und Pogegen.

84 / PILLKALLEN: Im Jahre 1938 in Schloßberg umbenannt, wie sie ursprünglich geheißen haben soll, ist diese Siedlung seit 1550 Kirchdorf gewesen und seit 1725 Stadt. Es ist eine Marktsiedlung mit rechteckigem großen Marktplatz. Im Ersten Weltkrieg wurde sie von den Russen zerstört und dann mit Hilfe ihrer Patenstadt Breslau wieder aufgebaut.

85—87 / DAS GROSSE MOOSBRUCH:
In diesem Bereich der Tausende von Wassergräben
und Kanälen wird das Heu auf Kähnen forttrans-
portiert oder im Winter auf Schlitten. Der Stint
ist ein kleiner silberheller Süßwasserfisch, der mit
Essig zubereitet eine wohlschmeckende Mahlzeit
gab, allerdings mehr für die Armen. Sonst wurde
er auch zum Bestecken der Aalschnüre verwendet,
und nicht zuletzt als Futter für Schweine und
Gänse, wenn die Fänge zu riesenhaft wurden, als
Dung für die Felder. Mit Stint gefütterte Gänse
hatten oft einen tranigen, widerlichen Geschmack,
weshalb jede Hausfrau sich sehr vorsah, beim
Weihnachtseinkauf keine Gans aus der Fischer-
gegend zu wählen. Orte: Schenkendorf, Nemonien und Elchwerder ist dasselbe umbenannte
Dorf. Ebenso Lauknen/Hohenbruch, Mehlauken/
Liebenfelde und Skaisgirren/Kreuzingen.

88—90 / INSTERBURG: Wo Angerapp und
Inster sich zum Pregel vereinigen, wurde 1336
die Ordensburg „Haus Insterburg" gegründet.
Die wesentlichen Wachstumsimpulse gingen vom
Markt aus und von den vielen Krügen, die schon
im Mittelalter auf einen regen Verkehr hindeuten.
Im Jahre 1583 erhielt der Ort die kulmischen
Stadtrechte, sieben Jahre später brannte fast die
ganze Stadt ab. Die Lutherkirche, die schon in
ältester Zeit vorhanden gewesen sein soll, erhielt
ihre heutige Form von 1610 bis 1612. Bemerkenswert ist der reiche Schnitzaltar und die Tauf-
kapelle mit Apostelstatuen. Die Wirtschaft wurde
durch die Ostbahn, durch die Südbahn und durch
mehrere Kleinbahnlinien außerordentlich belebt,
außerdem trug der Insterburger Hafen, der um
1925 erbaut wurde, zum Aufschwung der Stadt
bei. In Insterburg wurden die Dichter Wilhelm
Jordan, Ernst Wichert, Robert Johannes, der ostpreußische Humorist, und Alfred Brust geboren.
Insterburg ist in vielem eine Stadt der Kasernen
und Schulen, der Kirchen und Bibliotheken. In
der Gegend liegt das alte Ordensschloß Georgenburg, das als Landgestüt benutzt wurde. In weiten Kreisen ist die Umwelt Insterburgs durch den
ostpreußischen Familienroman „Die Barrings"
von William v. Simpson bekannt geworden.

91 / GUMBINNEN: Eine junge Stadt ohne
geschichtlichen Kern, die nach der Pest von Friedrich Wilhelm I. 1724 gegründet und zum Ver-
waltungszentrum wurde. Daher sehr breit und
modern angelegt. Die ersten Bewohner waren
Salzburger, Schweizer, Flamen und zum Teil
Franzosen, weshalb die Umgangssprache sogar
eine Zeitlang französisch war, natürlich neben
dem Deutschen. Das 1832 erbaute Regierungsgebäude ist von Schinkel gestaltet, das Denkmal
des Königs von Rauch. In beiden Weltkriegen hat
die Stadt sehr gelitten.

92 / GERDAUEN: Die Stadt liegt am Omet-
fluß, der jahrhundertelang zum Bektinsee aufge-
staut war und ist 1325 durch den Bau einer
Ordensburg gegründet worden. Der Hochmeister
Ulrich von Jungingen verlieh dem Ort 1398 die
kulmischen Rechte. Die planmäßige Anlage um
den viereckigen Marktplatz, das Rathaus, das im
Gegensatz zu den beiden ersten Rathäusern nicht
mehr auf dem Marktplatz steht, die Häuser am
Markt, die leider ihre Vorlauben verloren haben
und eine alte Stadtmauer geben dem freundlichen
Ort das Gesicht. Hier ist der Schriftsteller Th. G.
von Hippel geboren und sein Sohn, der Politiker
Th. G. von Hippel. Bekannt ist auch die hübsche
Erzählung „Gerdauen ist schöner" von August
Winnig, der, aus dem Harz stammend, nach dem
Ersten Weltkrieg Oberpräsident von Ostpreußen
war.

93 / SCHLOSS BEYNUHNEN: Das weiße
Schloß, das ein wenig fremd in der ostpreußischen
Landschaft steht, haben die Herren von Faren-
heid um die Mitte des 19. Jahrhunderts erbaut
und zu einem Museumsschloß durch reiche Gemälde und Originale, aber auch durch Abgüsse
und Kopien aus der Antike gemacht. Im Park
bewundern wir viele Statuen, den Laokoontempel
und die Grabstätte mit der Figur der Hoffnung
von Thorwaldsen. Hellas in Ostpreußen ist der
Ausdruck der Sehnsucht nach dem antiken Eben-
maß und der südlichen Landschaft.

94 / STALLUPÖNEN / EBENRODE: Als Bauerndorf schon 1539 an dem Flüßchen Stallupe gelegen und 1722 zur Stadt erhoben. Um den länglichen alten Markt gruppierte sich die Altstadt, später kam die Neustadt mit dem neuen Markt dazu. Wirtschaftlich durch die Ostbahn und durch den Handel nach Litauen bestimmt. Die Stadt wurde 1914 durch die Russen zerstört und ist im wesentlichen nach dem alten Stadtplan wieder aufgebaut.

95 / DARKEHMEN / ANGERAPP: Die Stadt ist wie alle Städte der Gegend nach der Pest von Friedrich Wilhelm I. im Jahre 1725 gegründet worden und durch eine reiche Landwirtschaft, zu der Handel und Gewerbe hinzutraten, gewachsen. Als Dorf wurde der Ort schon 1539 erwähnt.

96 u. 97 / TRAKEHNEN: Von der Züchtung und Entwicklung des Trakehner Pferdes wurde in dem Geleitwort das Wesentliche gesagt. Die Bilder zeigen uns Ausschnitte aus dem 1733 gegründeten berühmten ostpreußischen Hauptgestüt. Immer wieder überrascht der edle Ausdruck dieser Tiere, die in völliger Freiheit auf den wunderbaren Wiesen des ehemaligen Pissabruches heranwachsen. In sechzehn Vorwerken sind die Mutterstuten und Jungtiere nach Farbe, Alter und Schlag untergebracht. Die geretteten Reste der Trakehner werden in der Bundesrepublik mit großer Sorgfalt weiter gezüchtet.

98 u. 99, 103, 105 / GOLDAP UND ROMINTEN: Das Städtchen liegt in der nördlichen Randzone der Seesker Höhen an der Goldap. Die Gründungsurkunde stammt von Herzog Albrecht Friedrich aus dem Jahre 1570. Unter Kaspar von Nostitz wurde die Stadt sehr planmäßig aufgebaut mit einem großen viereckigen Markt und einem Rathaus mitten auf dem Markt, das 1773 neu erbaut wurde. Die Stadt hat unter dem Tatareneinfall wie auch unter der Pest besonders gelitten.

Jenseits des Goldaper Sees beginnt die Rominter Heide, ein etwa 25 000 Hektar großer Forst, der noch auf die große Wildnis zur Zeit des Ordens zurückgeht. In dem gesteinsreichen hellen Wasser der Rominte gibt es auch Forellen. Schon der Vater des Großen Kurfürsten jagte hier Bären, Wölfe und Elche, und seitdem sind alle Hohenzollern, besonders der letzte Kaiser, gern hierher zur Rot- und Schwarzwildjagd gekommen. Im letzten Jahrzehnt wurden hier auch wieder Wisente heimisch. Um die Felder ringsum vor Wildfraß zu schützen, umschließt den Forstbereich ein großes Gatter. Das Schloß und die Hubertuskapelle in Rominten sind im norwegischen Stil erbaut.

100—101 / TREUBURG: Das kleine Städtchen, lieblich zwischen den Seen hingelagert, hieß seit 1560 Oletzko, seit 1832 Marggrabowa und seit 1928 Treuburg. Es wurde von Herzog Albrecht 1560 an der Stelle gegründet, wo eine Handelsstraße von Polen nach Preußen zwischen dem Großen und Kleinen Oletzkoer See die Lega überschritt. Der viereckige Marktplatz liegt etwas erhöht mit dem Kirchberg, der Pfarrkirche und dem Rathaus. Bei der Abstimmung 1920 erhielt Polen hier nur 2 Stimmen, vermutlich ist der Name Treuburg auf dieses Ereignis zurückzuführen. In der Nähe der Kurort Liebchensruh an einem See.

102 / ANGERBURG: Mehrfache Versuche einer Stadtgründung um die 1335 erbaute Ordensburg scheiterten, bis Herzog Albrecht Friedrich 1571 dem Ort die kulmischen Rechte verlieh. Das Städtchen liegt sehr lieblich auf Hügeln nördlich des Mauersees an der Angerapp, von hier aus begann der Ausflugsverkehr durch die Masurischen Seen. Die Stadt ist bekannt durch die Bethesda-Anstalten, die im kirchlich-karitativen Raum Kranken- und Altersfürsorge auf provinzieller Ebene betrieben. Die Stadt hat eine Fischbrutanstalt für Maränen und eine große Vogelsammlung.

103—105: siehe Nr. 98

106 / LYCK: Diese Hauptstadt Masurens mit 18 000 Einwohnern liegt am östlichen Steilufer des Lycksees an der Einmündung des Lyckflusses und hat daher ein sehr liebliches Gesicht. Als Dorf bestand sie schon 1275 vor der Ordensburg auf

der Lyckseeinsel, wurde aber erst 1455 zur Stadt erhoben. Es ist eine moderne, vorwiegend im vorigen Jahrhundert ausgebaute Stadt. Die auf dem höchsten Punkt stehende St.-Katharinen-Kirche wurde mehrfach zerstört und zuletzt 1925 wieder aufgebaut. Die Stadt hat unter den Tataren und unter der Pest gelitten, und von dem nahen Tatarensee erzählt man, daß er durch das Blut erschlagener Tataren so dunkel gefärbt sei. Im Ersten Weltkrieg mehrfach von den Russen besetzt und in große Kämpfe verwickelt, wovon die vielen Heldenfriedhöfe, es sollen 150 sein, erzählen. Schöne Uferpromenaden und Parkanlagen am See dienen der Erholung und werden gern von den Reisenden durch Masuren aufgesucht.

107 / LÖTZEN: Zwischen dem Mauersee und dem Löwentinsee, am Rande der großen Wildnis, gründete der Orden 1340 eine Burg, um den Einfall ins Preußenland abzudecken. Die ersten Siedler waren Beutner. Herzog Johann Sigismund verlieh dem Ort 1612 die Stadtrechte. Die Ordensburg wurde im 17. Jahrhundert von den Kurfürsten zu einem Jagdschloß ausgebaut, brannte aber im 18. Jahrhundert zum Teil ab. Der Tatareneinfall hat auch Lötzen stark mitgenommen. Im Ersten Weltkrieg hielt die 1843 erbaute Festung Boyen die Russen hier zweimal wesentlich auf. Die hübsche Stadt wird als das „Herz Masurens" bezeichnet und ist auch im Reich bekannt durch die Eissegelregatten und durch die jährliche Masurische Wassersportwoche.

108 / RASTENBURG: Wo der Guber in die Alle fließt, liegt die Stadt auf romantischen Hügeln, erwachsen aus der 1329 angelegten Burg, und wurde von dem Komtur von Balga, Johann Schindekopf, 1357 zur Stadt erhoben. Die Altstadt hatte früher Laubenhäuser und ein bemerkenswertes gotisches Rathaus. Die St.-Georgs-Kirche, ursprünglich eine Wehrkirche, wurde um die Wende des 15. Jahrhunderts zu einer spätgotischen Hallenkirche mit Sterngewölbe ausgebaut. Die alte Stadtmauer ist teilweise erhalten. Große Brände schufen Platz für moderne Wohnbauten mit Stadtrandsiedlungen. Durch die Ein-

wanderung von Hugenotten und Salzburgern erhielt der Ort wirtschaftliche Impulse: Tuchmacherei, Töpferei, Bierbrauerei. Daneben Landwirtschaft und ein lebhafter Handel. Eine Eisengießerei, eine Hefefabrik, eine Zuckerfabrik und vor allem Mühlenwerke, in denen vor dem Ersten Weltkrieg viel russisches Getreide vermahlen wurde, bilden den industriellen Grundstock. Am 26. 4. 1863 wurde hier Arno Holz geboren, der Verfechter des konsequenten Naturalismus und Vorläufer Hauptmanns und Sudermanns.

109 u. 110 / NIKOLAIKEN: Der von Sankt Nikolaus abgeleitete Name bezeichnet ein hübsches, auf Anhöhen liegendes Städtchen, das an der Mündung des Taltergewässers in den Nikolaiker See liegt. Friedrich Wilhelm I. verlieh ihm 1726 die Stadtrechte. Die Stadt der geräucherten Maränen, Stinte und Angler hat eine echte masurische Atmosphäre, zu der vor allem der gruselige Wassermann gehört und der an der Brücke angekettete „Stinthengst", zu dessen Ehren ein großes Fischerfest gefeiert wurde. In der Nähe der Schwanen- oder Brutsee von Lucknainen.

111—123 / MASUREN: Die Landschaft, deren Name von dem alten Masovia abgeleitet ist, füllt den südöstlichen Raum Ostpreußens aus von der Rominter Heide bis zu der noch viel einsameren Johannisburger Heide, von der Grenze bis zum Tal der Alle. Es ist das Land der tausend Seen, eigentlich sollen es 1500 sein, und der dunklen Wälder, ein Vogel- und Tierparadies, in dem auch viele seltene Pflanzen, die unter Naturschutz stehen, zu finden sind. Unsere Bilder zeigen uns den Aryssee, den Spirdingsee, den Niedersee, den Waplitzer See und den Bärtigsee und einige kleine Waldseen, die für die vielen ungenannten stehen mögen. An den Ufern und in den verschilften Mooren leben Reiher, Kraniche, Störche, Bleßhühner, Wildenten, Kormorane und Haubentaucher. Oben im Blau kreisen der Fischadler und der Steinadler. Auf manchen Seen, wie auf dem Lucknainer- und Gartensee, brüten noch die Schwäne.

In prußischer Zeit wohnten hier die Galinder und

Sudauer, die vom Orden teilweise umgesiedelt wurden. Das Land sollte als Wildnis den Schutz gegen den Osten übernehmen. Die Tatarenzeit, die Pest, die Russenbesetzung im Siebenjährigen Krieg, die napoleonischen Feldzüge und der Erste Weltkrieg haben dem Lande schwere Wunden geschlagen. Bei der Volksabstimmung 1920 erklärten sich die Masuren mit 99,3 % ihrer Stimmen für Deutschland.

Das Land ist bei so großer Schönheit wegen des vorwiegend sandigen Bodens arm. Zur Landwirtschaft und Viehhaltung kommen daher sehr wesentlich die Waldwirtschaft, die Fischerei, die Torfgewinnung und in neuerer Zeit der Fremdenverkehr hinzu. Wir sehen breite Flöße die Masurischen Seen befahren, und oft begegnen uns Schneidemühlen mit ihren hohen Bretterstapeln. Der Fischerei dienen die Fischbrutanstalten in Angerburg und Lötzen. Vom lebhaften Handel mit landwirtschaftlichen Produkten sprechen die großen Märkte in fast allen Städten. Das kleine Treuburg rühmt sich sogar, den größten Markt Deutschlands zu haben. Bei der Bedürfnislosigkeit der masurischen Bauern und Fischer werden die Gebrauchsgegenstände in Haus und Hof und für den Kahn selber hergestellt, dazu gehören auch die Holzschuhe.

Die Seen sind oft bis sechzig Meter tief, so der Mauersee, der Wuchsnig-, Lansker- und Lyckersee. Der Spirdingsee, das „Masurische Meer", ist 42 000 preußische Morgen groß und 10 Kilometer breit. Viele Seen haben Inseln, so die Insel Upalten im Mauersee mit ihren hohen Eichen, Ulmen und Buchen. Einer der schönsten Seen ist der Niedersee in der Johannisburger Heide mit dem bekannten Kurhaus in Rudczanny. Hier fließt die Kruttinna aus dem Muckersee. Ihr schönster Teil beginnt an der Murawa, in der Nähe von Kruttinnen.

Am Dußsee, nicht weit davon, liegt Eckertsdorf mit einer Siedlung der Philipponen, einer Sekte der griechisch-orthodoxen Kirche, die 1832 aus Rußland hier einwanderte, weil sie den Kriegsdienst aus religiösen Gründen ablehnte. Aus dem Ersten Weltkrieg stammen die vielen Heldenfriedhöfe und Einzelgräber in der masurischen Landschaft, so der bekannte Heldenfriedhof am Schwentzaitsee bei Angerburg. Zahlreiche einfache Kreuze aus Holz finden wir auch am Lanskersee, auf der Bunelka, in Bartossen, auf der Jägerhöhe, in Lahna und Mühlen.

Der Schwentzaitsee ist auch durch seine internationalen Eissegelregatten bekannt. Die Eissegeljachten erreichen auf dem glatten Eis eine Geschwindigkeit bis zu 140 Stundenkilometern. Dieser männliche Sport wird nicht nur von den Meistern geliebt, sondern hinab bis zur Schuljugend, die sich den Eissegelschlitten im Holzstall selber baut. Überhaupt zeigen die Seen im Winter ein buntes Bild durch das Eisfischen, die Klapperfischerei (das Hineintreiben der Fische durch Klappern in die Netze) und durch das Eissägen für die Brauereien. Die Eigenart der masurischen Landschaft hat einen starken Widerhall in Buch und Bild gefunden, und manche Dichter, wie die Brüder Fritz und Richard Skowronnek, Ernst Wichert, Hans-Georg Buchholtz und Siegfried Lenz haben ihre einsame masurische Heimat weit in der Welt bekannt gemacht.

124 u. 125 / RÖSSEL: Castrum Resel, 1241 neben einem Prußendorf erbaut, gab der Stadt den Namen. Dieses von Palisaden geschützte Wildhaus wurde mehrfach in Kämpfen zerstört und später als feste Burg erbaut, an die sich die Stadt seit 1337 anlehnte. Die Geschichte der Stadt ist mit der des Ermlandes eng verbunden. Es befanden sich dort zeitweise ein Augustinerkloster, ein Jesuitenkolleg, ein Jungfrauenkonvent, viele Krankenhäuser und Hospitale für karitative Zwecke und eine Taubstummenanstalt noch bis 1936. Die Stadt hatte feste Mauern und mehrere Türme. Die Pfarrkirche St. Peter und Paul ist eine Hallenkirche mit einem Glockenturm. Landwirtschaft und Getreidehandel, zeitweise Hopfenanbau, stehen im Mittelpunkt der Wirtschaft. Unter den Handwerkern gab es sogenannte Kammacher, die bis zum Ersten Weltkrieg die ganze Umgebung bis nach Polen und Litauen mit Webekämmen versorgten. Im 17. bis 19. Jahrhundert lebten in Rössel namhafte Kunsttischler, Bildhauer, Goldschmiede und Kunstschlosser.

126 / BISCHOFSTEIN: Weil ein Bischof sie gegründet hatte, und weil dort ein erratischer Block lag, erhielt die Stadt ihren Namen Bischofstein. Sie liegt auf einer Landzunge des Rohrdommelteiches, der erst 1868 trockengelegt wurde, und ist mehrfach zerstört und durch zahlreiche Brände eingeäschert worden.

Im Mittelalter lebte sie vom Handel mit Bier, Flachs, Garn, Leinwand, Hopfen, Honig und Wachs. In jüngster Zeit bilden die Getreidemühlen und Holzsägewerke ihr wirtschaftliches Rückgrat.

127 / SENSBURG: Die Stadt liegt zwischen dem Czoossee und den beiden Magistratsseen und war früher rings von Wasser umgeben. Der in der Mitte liegende Markt, seit 1822 in einen Kleinen und Großen Markt aufgeteilt, erhält seinen lebhaften Besuch aus der weiten ländlichen Gegend um die Stadt.

128 / HEILIGELINDE: Die im 17. Jahrhundert erbaute barocke Wallfahrtskirche in Heiligelinde mit ihren beiden Kuppeltürmen und dem leuchtenden Weiß steht etwas fremd und vereinzelt in der von der Ordensgotik beherrschten ostpreußischen Landschaft. Das überreich bemalte und gestaltete Innere hat einst die Phantasie des ostpreußischen Dichters E. T. A. Hoffmann so angeregt, daß er seinen exaltierten Roman „Die Elixiere des Teufels" hier beginnen und enden läßt. Das schmiedeeiserne Gitter am Eingangstor hat ein Rößler Kunstschmied angefertigt.

129 / JOHANNISBURG: Das Deutschordenshaus — Castrum divi Joannis — wurde etwa 1344 erbaut und im folgenden Jahrhundert mehrfach zerstört. Die Stadt liegt, umgeben von den einsamen Wäldern der Johannisburger Heide, in einer Ebene am Pyschfluß, an der alten Handelsstraße von Warschau nach Elbing und Danzig, wovon sie in älterer Zeit profitierte. Das Wappen zeigt das Haupt Johannes des Täufers auf einer goldenen Schüssel. Vor dem Ersten Weltkrieg war sie vor allem bekannt durch die großen Kaisermanöver in der rund hunderttausend Hektar großen Johannisburger Heide.

130 / PASSENHEIM: Die kleine Stadt liegt auf einer Landzunge zwischen dem Kalbensee und Lehlesker See und hatte in alter Zeit eine günstige Verkehrslage an der nach Polen führenden Landstraße. Im Jahre 1386 erhielt sie die kulmischen Stadtrechte. Die Stadt ist mehrfach abgebrannt, zuletzt bei dem Tatareneinfall 1656, wo sie durch Verrat in die Hände der Tataren geriet, die sie nach furchtbaren Greueltaten einäscherten. Die wirtschaftliche Bedeutung ist durch die Konkurrenz des aufstrebenden benachbarten Ortelsburg stark gesunken.

131 / ORTELSBURG: Zwischen dem Großen und Kleinen Haussee wurde 1350 eine Ordensburg errichtet, die 1580 zum Jagdschloß umgebaut wurde. Die Stadt hat durch Brände, durch die Pest und durch die Cholera sehr gelitten. Während der Schlacht bei Tannenberg wurde sie von den Russen in Brand geschossen und so zerstört, daß ein fast völliger Neuaufbau notwendig wurde, der mit Hilfe der Patenstädte Berlin und Wien ziemlich rasch vonstatten ging. Das Rathaus, ursprünglich ein Privathaus, ist 1803 erbaut worden. Wirtschaftlich bedeutsam ist der Holzhandel. Die bekannten „Ortelsburger Jäger" hatten ihren Standort in Beutnerdorf, wo auch noch Falken zur Jagd abgerichtet wurden.

132 / BISCHOFSBURG: Die Burg wurde 1389 als Wacht- und Wildhaus am Rande der Wildnis errichtet, und die in deren Schutz sich entwickelnde Siedlung erhielt vom Bischof von Ermland 1395 die Kulmer Rechte. Sie liegt am Daddeysee, dem größten See des Ermlandes. In der Chronik liest man vom Hungerkrieg, Reiterkrieg, Städtekrieg, Schwedenkrieg und von vielen Bränden und Seuchen. Der Markt bildet den räumlichen und baulichen Mittelpunkt der Stadt, die früher durch Leinwand- und Garnhandel einen gewissen Wohlstand hatte. Heute Fabriken und Brauereien, Behörden und Garnison.

133 u. 134 / TANNENBERGDENKMAL:
Das Tannenbergdenkmal bei Hohenstein, zur Erinnerung an den Sieg Hindenburgs im August

1914 über die russische Armee Samsonoffs, der hier selbst seinem Leben ein Ende machte, im Jahre 1927 errichtet, paßt mit seinen acht kubischen Türmen gut in die Welt der roten Backsteinbauten aus der alten Ordenzeit. Der Innenraum mit seinem amphitheaterähnlichen Stufenbau, den wuchtigen Bogenhallen und den trotzigen Türmen, vermittelt ein Gefühl von der tragischen ostdeutschen Geschichte. Hindenburg wurde nach seinem Tode in dem Gruftturm beigesetzt, vor dem zwei erzene Weltkriegssoldaten, Gewehr bei Fuß, ihren schlafenden Feldherrn bewachten. Die Schöpfer des Denkmals, das zwischen den beiden Weltkriegen von vielen Ostpreußenfahrern aufgesucht wurde, waren die beiden Berliner Architekten Walter und Johannes Krüger. Bei der Räumung Ostpreußens wurden die Särge Hindenburgs und seiner Gattin nach Marburg gerettet und dort in der Elisabethenkirche beigesetzt.

135 u. 136 / HOHENSTEIN: Der Hochmeister Winrich von Kniprode gründete 1359 die Stadt am Mispelsee, nachdem seit 1350 hier schon die Deutschordensburg gestanden hatte. Sie war ursprünglich eine Paßstelle über Sumpfgebiet für die Landstraße von Danzig nach Thorn. Im 16. Jahrhundert nahm sie einen Teil der vertriebenen böhmischen Brüder auf. Neben zahlreichen großen Bränden wurden 1914 das Rathaus und fast 200 Gebäude zerstört. Der Geschichtsforscher Dr. Max Töppen lebte hier um die Mitte des 19. Jahrhunderts als Direktor des Gymnasiums, und der Erfinder des Diphtherieserums Prof. Emil von Behring machte hier sein Abiturium.

137 / NEIDENBURG: Die 1376 zum ersten Mal erwähnte Deutschordensburg erhebt sich über der von Winrich von Kniprode 1381 gegründeten Stadt, die durch ihren großen Markt und durch feste Mauern charakterisiert wird. Wie in fast allen masurischen Städten wurde die ursprünglich deutsche Bevölkerung nach der unglücklichen Schlacht bei Tannenberg von 1410 durch Zuzug von Polen verändert. Es bildete sich eine deutschsprechende Oberschicht und eine polnischsprechende Unterschicht, die nach einer Statistik um 1876 etwa 10 % ausmachte. Die 1914 fast gänzlich zerstörte Stadt wurde mit Hilfe ihrer Patenstadt Köln wieder aufgebaut. In der Nähe der „Tatarenstein" und eine vorgeschichtliche Grabstelle mit jahrtausendealten Fürstengräbern. In Neidenburg wurde 1821 der Geschichtsforscher Ferdinand Gregorovius, Verfasser der „Geschichte Roms" geboren.

138—140 / ALLENSTEIN: Die Regierungshauptstadt Südostpreußens ist in einer geschützten und landschaftlich reizvollen Lage an der Alle als Burg gegründet worden und erhielt vom Domkapitel Pomesanien 1353 die Stadtrechte. Erst nach 1870 begann die Stadt sich sprunghaft zu entwickeln und wurde 1905 Sitz der Regierung. Von den Mauern und Toren und den vielen Kapellen der Altstadt steht infolge von Bränden und Zerstörungen nicht viel, und außerdem hat das neue, moderne Allenstein mit seinen Regierungsgebäuden, Schulen, Krankenhäusern und Kasernen die geschichtlichen Bauten überdeckt. Das Neue Rathaus hat ein Glockenspiel im Turm und einen sogenannten Russenerker mit Bildnissen aus dem Ersten Weltkrieg. Das Südostpreußische Landestheater erinnert mit seinem Namen „Treudank" an den Abstimmungssieg von 1920, ebenso das Abstimmungsdenkmal in Jakobsberg. Die gotischen Giebellaubenhäuser am Markt, das Kapitelschloß, in dem einige Zeit Kopernikus gelebt hat, und die St.-Jakobs-Kirche mit ihrem stattlichen Turm sind Zeugen der alten Zeit.
Holzindustrie, Brauereien, Mühlen und Fabriken landwirtschaftlicher Maschinen geben der Stadt die wirtschaftlichen Impulse. Die Polen traten in der Stadt seit der letzten Jahrhundertwende mit einer eigenen Zeitung und einer Nationalbank agitatorisch stärker hervor, trotzdem entfielen auf sie bei der Abstimmung nur 320 Stimmen gegenüber 17 620, die für Deutschland abgegeben wurden.

141 / GILGENBURG: Auf der Landenge zwischen dem Großen und Kleinen Damerausee legte der Orden 1316 die „Ilienburg" an, und 1326 begann Luther von Braunschweig mit dem Bau der Stadt. Sie ist der Typ einer in ihren Anfängen stehengebliebenen ostpreußischen Kleinstadt, und die vielen Brände und Zerstörungen, Pest, Cholera und Typhus, wovon die Chronik berichtet, mögen dazu beigetragen haben. Im Jahre 1420 entstanden hier durch die böhmischen Brüder Hussitenwirren. Im Jahre 1914 Kampfplatz in der Tannenberger Schlacht.

142 / WARTENBURG: Das Wildhaus castrum Wartenberg wurde 1325 am Wadangsee angelegt und erhielt 1364 die Stadtrechte. Die mittelalterlich befestigte Stadt hatte ein Franziskanerkloster mit einer Klosterkirche. Das Rathaus befindet sich mitten auf dem Markt wie stets bei Ordensgründungen. Wirtschaftlich steht die kleine Stadt im Schatten Allensteins.

143 / OSTERODE: Die lieblich am Drewenzsee hingelagerte Stadt mit ihren Bademöglichkeiten und Ausflügen wurde zwischen 1327 und 1330 von dem Hochmeister Luther von Braunschweig gegründet. Diese größte Stadt des Oberlandes besitzt eine reiche Holzindustrie und zog in den letzten Jahrzehnten auch den Fremdenverkehr erheblich an. Polen, Schweden und Franzosen besetzten im geschichtlichen Ablauf die Stadt. Napoleon ließ das Gemälde „beau plateau d'Osterode" hier malen, das im Schloß Versailles hängt. Während der Schlacht bei Tannenberg hatten Hindenburg und Ludendorff in Osterode ihr Hauptquartier.

144 / LIEBSTADT: Dieses bei Mohrungen liegende Kleinstädtchen an dem Flüßchen Liebe wurde schon 1314 genannt, erhielt aber erst 1490 von dem Hochmeister Hans von Tieffen die Stadtrechte, wobei gleichzeitig berichtet wird, daß nur „einige Preußen, Polen und Leute undeutscher Zunge" in der Stadt seien. In der Stadt befindet sich eine sehr moderne Tuch- und Textilfabrik.

145 / LIEBEMÜHL: Der Christburger Ordenskomtur Dietrich von Altenburg gründete das Städtchen 1335. Die alte Pfarr- und Wehrkirche St. Bartholomäi wurde 1901 neu aufgebaut.

145 a u. 146 / GUTTSTADT: Die Stadt, von zwei Armen der jungen Alle durchschlängelt, hat im Dom und den angrenzenden Stiftsgebäuden ihren organischen Mittelpunkt, die gleichzeitig einen Teil des aus dem Gründungsjahr 1329 stammenden Befestigungsgürtels darstellen. Der Storchenturm ist eine örtliche Sehenswürdigkeit. Der quadratförmige Marktplatz weist auf die wirtschaftlichen Beziehungen der etwa 6000 Einwohner zählenden Stadt mit der reichen landwirtschaftlichen Umgebung hin. In der Nähe der Wallfahrtsort Kalvarienberg mit künstlerischen Darstellungen aus der Passionsgeschichte.

147 / MOHRUNGEN: Zwischen See und Sumpf bildete das um 1280 gegründete Deutschordenshaus die Übergangsstelle über den Taberbach. Die Stadtrechte verlieh dem Ort der Elbinger Komtur Hermann von Oettingen wahrscheinlich 1327. Markt und Rathaus, die guterhaltene Stadtmauer und die gegenüber dem abgerissenen Schloß liegende Kirche St. Peter und Paul sind Zeugen der alten Zeit. Ende des 16. Jahrhunderts bauten die Grafen Dohna an der Stadtmauer ein Schlößchen. Über Mohrungen führte die alte Handelsstraße von Truso zum Schwarzen Meer, weswegen die Stadt noch 1725 als „sehr nahrhaft" bezeichnet wird. Ihr größter Sohn ist Johann Gottfried Herder, der 1744 hier geboren wurde, und dessen Geburtshaus im letzten Krieg zerstört wurde.

148 / LANDSBERG: Das kleine Städchen liegt im Stablackgebiet am Röhrenfließ und lebte sowohl im Mittelalter als auch in letzter Zeit vom Leinen- und Garnhandel und von der Verarbeitung der Wolle. Im Jahre 1807 nahm Napoleon dort zwei Tage Quartier, und 1914 wurde es von den Russen eingenommen.

149 u. 150 / WORMDITT: Am Ufer der Drewenz gründete der Bischof Eberhard von Neisse 1312 das Städtchen. Der Markt mit Laubenhäusern und das Rathaus mit der ältesten Glocke des Ermlandes (1384), Kirchen und Hospitäler, ein

Haus der Beginen bildeten den mittelalterlichen Kern. Die sehenswerte Pfarrkirche ist als spätgotische Backsteinbasilika schon 1376 vollendet worden. Die bischöfliche Burg wurde im 19. Jahrhundert abgebrochen. Die ersten Siedler kamen vorzugsweise aus Schlesien. Seuchen und vielfache Kriegseinwirkungen haben die Entwicklung der Stadt behindert. Das Tuch- und Hutmachergewerbe hat dort geblüht, ferner gab es in Wormditt jahrhundertelang eine namhafte Orgelbauerei.

151 / MEHLSACK: Im lieblichen Walschtal hat das Städtchen sich aus einer alten Prußenfeste entwickelt und erhielt 1312 vom ermländischen Domkapitel die kulmischen Rechte. Es zeigt noch viele Reste einer bedeutenden mittelalterlichen Entwicklung, einige Partien des bischöflichen Schlosses, der Mauern, Laubenhäuser am Markt, das Rathaus mit Zwiebelturm. Zu damaliger Zeit gab es Tuch- und Hutmacher hier, Brauereien, einen lebhaften Flachs- und Fellhandel, eine Kupfermühle, während in neuerer Zeit der Vieh- und Pferdehandel und der Handel mit landwirtschaftlichen Produkten die wirtschaftliche Lage bestimmte.

152 u. 153 / HEILSBERG: Im Jahre 1241 gab es schon eine „burc zu Heilisberc" an Stelle einer wahrscheinlich prußischen Siedlung. Als bischöfliche Residenz hat die 1308 gegründete Stadt, Herz des Ermlandes, mit vielen Kirchen, Hospitälern, Stadttoren und geistlichen Studienanstalten eine bewegte mittelalterliche Geschichte, auch Baugeschichte hinter sich, die noch heute prägend wirkt. Der Marktplatz, die Laubenhäuser, das wuchtige Hohe Tor, die Pfarrkirche und vor allem das Schloß, der nach der Marienburg besterhaltene Wehrbau der Ordenszeit, mit einem sehenswerten Remter und einer barocken Kapelle geben der Stadt und der Landschaft ringsher ein charakteristisches Gesicht, wozu auch die romantische Landschaft des Simser- und Alletales beiträgt. Im Jahre 1836 verlegte der Bischof seinen Sitz nach Frauenburg. Ein Reiterstandbild auf dem Markt erinnert an die Heldentaten der Schwarzen Husaren 1807. Nikolaus Kopernikus lebte hier vier Jahre, außerdem hat die Stadt eine Reihe von Humanisten und Dichtern unter den Domherren gehabt.

154 u. 155 / BARTENSTEIN: Am Ufer der Alle gründete der Orden 1241 eine Burg, und Luther von Braunschweig verlieh dem Ort 1332 die kulmischen Rechte. Aus der Zeit stammen einige Ordensbauten und die alte Stadtkirche mit einer Barockorgel. In der Schlacht bei Tannenberg 1410 kämpften die Bartensteiner unter einem schwarzen Banner mit einer weißen Hellebarde. Der nach Königsberg, Danzig und Elbing ausgerichtete mittelalterliche Handel war ansehnlich. Heute finden wir Eisengießereien, eine Dampfschneidemühle, eine Ofenfabrik und eine Wagenfabrik in der Stadt.

156 u. 157 / BRAUNSBERG: An der Passarge, eine Meile oberhalb ihrer Mündung in das Frische Haff, erbaute der Orden 1241 eine Burg, die mehrfach von den aufständischen Prußen zerstört wurde. Der ermländische Bischof Anselm verlieh dem Ort 1254 die Stadtrechte. Die ersten Siedler kamen aus Holstein, Niedersachsen und Westfalen. Von einer sehr bewegten mittelalterlichen Geschichte erzählen nur noch Teile der Stadtmauer, der Pfaffenturm und der Roßmühlenturm. Über die Passargebrücke und die Langgasse gelangen wir zum Altstädtischen Markt, an dem das 1635 erbaute Rathaus steht. Nicht weit davon das 1579 gegründete Lyceum Hosianum mit einer antiken Sammlung. Bemerkenswert sind die Pfarrkirche mit einem wertvollen Marienkronleuchter im Langschiff und das Ermländische Museum. Als ermländische Metropole und erste Bischofsresidenz besitzt die Stadt viele barocke Bauten, bedeutende Schulen und wissenschaftliche Einrichtungen. Als Hansestadt war Braunsberg der Stapelplatz des Bistums Ermland. Ein ertragreicher Seehandel mit England, Flandern, Skandinavien und den baltischen Staaten ließ die Stadt wohlhabend werden, woran noch die Hansespeicher erinnern. Um die Mitte des vorigen Jahrhunderts verlor Braunsberg seine alte wirtschaftliche Bedeutung. In Braunsberg befindet sich ein

Landgestüt mit etwa 180 hochwertigen Hengsten, die der ermländischen Kaltblutzucht dienen.

158 / SCHIPPENBEIL: Die Ordensburg wurde vermutlich 1319 auf einer von der Alle gebildeten Halbinsel erbaut, die Gründungsurkunde der Stadt stammt aus dem Jahre 1351. Weder das Rathaus auf dem Markt noch die alten Tore sind mehr vorhanden. Nach einem großen Brand 1749 wurde die Neustadt mit einem neuen Markt angelegt.

159 / PREUSSISCH-EYLAU: Am nördlichen Rande des Stablackgebietes am Pasmarfluß wurde die Burg Yladia vom Hochmeister Werner von Orseln 1325 erbaut. Ortulf von Trier verlieh ihr 1348 einige Handelsrechte, und erst Herzog Georg Friedrich 1585 das Stadtprivileg. Im 18. Jahrhundert besaß die Stadt eine bedeutende Tuchweberei und Wollspinnerei. Am 7. und 8. Februar 1807 mußte Napoleon hier von den verbündeten Preußen und Russen die erste Niederlage einstecken, woran die Napoleonsfichte noch erinnert.

160 / SCHLOSS SCHLOBITTEN: Das aus der prußischen Zeit stammende Besitztum wurde 1525 von den Burggrafen zu Dohna erworben, die anfangs des 17. Jahrhunderts hier ein Haus im Renaissancestil errichteten, das von den Schweden zerstört wurde. Später entstand hier ein Barockschloß mit zahlreichen Flügeln und Nebengebäuden und einem ausgedehnten Park, der als Musteranlage barocker Gartenkunst galt. Die prunkvolle Innenausstattung mit den königlichen Gemächern gestaltete man nach dem Vorbild des Charlottenburger Schlosses. Nachdem der Fürst Alexander zu Dohna-Schlobitten das Schloß am 19. 1. 1945 verlassen hatte, wurde es einige Zeit später von den anrückenden Russen durch Feuer völlig vernichtet.

161 / PREUSSISCH-HOLLAND: Die aus Holland stammenden Ansiedler bauten am Fuße des Deutschordenshauses schon vor 1297, dem Datum der Handfeste, ihre Stadt, die durch Gewerbefleiß und Mühlenwirtschaft sich entwik-

keln konnte. Die meisten Türme und Tore sind abgetragen, während die Stadtmauer sich erhalten hat wie auch der Markt, die Pfarrkirche St. Bartholomäi und das neu erbaute Rathaus an der Marktstraße.

162 / MÜHLHAUSEN: Der Ordenshof an der Donne, um 1400 entstanden, später „Schloß Locken" genannt, bildet den Kern der kleinen Stadt mit dem Markt und dem mehrfach abgebrannten und wieder aufgebauten Rathaus, das heute nicht mehr steht. Die ersten Siedler kamen aus Thüringen. Sehenswert ist das 1926 eingerichtete Oberländische Heimatmuseum.

163 u. 164 / FRAUENBURG:
Das castrum Dominae nostrae, altdeutsch „unser vrowen burk", wurde um 1270 am Ufer des Frischen Haffes, zwischen Baude und Narz, erbaut und erhielt 1310 vom Bischof Eberhard von Neisse das lübische Recht. Der Dom wurde 1329—1388 als dreischiffige Hallenkirche mit Chor errichtet. In leuchtendem roten Backstein mit seinen schlanken Türmen und einem vielfach gegliederten Schaugiebel wirkt er heute noch wie vor 700 Jahren. Der Glockenturm wurde Ende des 17. Jahrhunderts erneuert. Im nordwestlichen Befestigungsturm hat Nikolaus Kopernikus, der hier, abgesehen von den Jahren in Allenstein und Heilsberg, als Domherr lebte, das heliozentrische moderne Weltbild geschaffen. Er starb am 24. Mai 1543 und wurde im Dom beigesetzt. Rings um den Domberg stehen kirchliche Institute und das neue bischöfliche Palais. Das kleine Städtchen lebte von Fischerei, Ackerbau, Brauerei und Tuchweberei. Von Frauenburg aus gelangt man nach Haffschlößchen, zur Majolikamanufaktur Cadinen und in die Dörbecker Schweiz.

165, 166, 174 / TOLKEMIT: Dieses kleine eigenwillige Fischerstädtchen am Frischen Haff stammt auch aus der frühen Ordenszeit und hat bald dem Orden, bald dem Bischof, bald den Schweden, bald den Polen gehört, zwischendurch war es noch mehrfach an adelige Familien verpfändet, so daß eigentlich erst 1772 mit der Rückkehr zu Preußen eine gleichbleibende Entwicklung einsetzte. Die Tolkemiter Lommen sind mit ihren Schiffsladungen weit in Ostpreußen unterwegs. Ein sehr interessanter Beruf der Tolkemiter sind die Taucher und Steinzanger, die an steinreichen Küsten der Ostsee die Steine aus dem Wasser holen und auf diese Weise das Meer in einen Steinbruch verwandeln.

167—173 / DIE FRISCHE NEHRUNG:
Sie ist wie die Kurische Nehrung durch Ablagerung von Schlamm und Sand entstanden, hat aber nicht die eigenwüchsigen Naturschönheiten ihrer nördlichen Schwester, obwohl die ragenden Kiefern und die Kaddickschweiz, die einsame Landstraße von Danzig nach Pillau und das Haff mit seinem Ausblick auf die Städtchen und Dome der Landseite reizvoll genug sind. Bei Narmeln gibt es auch eine verwehte Düne, die jedoch nicht die Mächtigkeit und Weite der Wanderdünen auf der Kurischen Nehrung erreicht. In den Dörfern sieht man keine Holzhäuschen, sondern Backsteinhäuser wie sonst in Ostpreußen. Am bekanntesten ist das Seebad Kahlberg mit seinem herrlichen Mischwald und dem gepflegten Kurpark. In der nahen Heide stehen noch viele Wacholder, aus deren Beeren die Mennoniten den kräftigen Machandel herstellen. Meer und Haff sind die immer interessierenden Naturschönheiten. Auf dem Haff zogen einst die Koggen der Danziger, Elbinger, Königsberger und Braunsberger mit Handelsgut aneinander vorbei oder bekriegten sich im Konkurrenzstreit. Heute ziehen die weißen Bäderdampfer friedlich von allen Seiten heran. Das Haff ist das unerschöpfliche Nahrungsgebiet der Fischerdörfer und Städtchen rings an den Ufern. Man fängt vor allem Aale, Bressen, Zander und Kaulbarse. Am Ufer liegen liebliche Badeorte wie Haffstrom, Zimmerbude und Peyse. Das zugefrorene Haff und die Frische Nehrung waren der einzige Fluchtweg 1945 für Tausende Ostpreußen, und am Haffufer bei Heiligenbeil spielte sich der letzte Akt der Tragödie vom Untergang Ostpreußens ab.

174 / siehe Nr. 165

175—180 / ELBING: 1938 wurde durch Grabungen festgestellt, daß das sagenhafte Truso, von dem der Seefahrer Wulfstan um 890 berichtet, in der Altstadt Elbings gelegen hat. Der Name Drausensee erinnert noch an Truso. Jedenfalls war die ganze Gegend schon in grauer Vorzeit ein Handelsmittelpunkt. Der Landmeister Hermann Balk gründete 1237 die Burg am Elbingfluß, gleichzeitig bauten Lübecker Kaufleute die Stadt und setzten 1246 das lübische Recht durch. Die Altstadt mit ihren Toren, Giebelhäusern, Beischlägen, Brücken, St. Marien mit den Kunstschätzen und die Pfarrkirche St. Nikolai, die Patrizierhäuser in der Heiligen-Geist-Gasse verkörpern das alte Elbing. Ebenso die Lastadie und die Speicher, von denen es 1396 schon über 250 gegeben haben soll. Elbing hatte eine führende Stellung unter den preußischen Handelsstädten bis zur Überflügelung durch Danzig. Hervorragender Handel besonders mit England, wobei Tuche, Felle, Salz, Wein und Südfrüchte eingeführt und Getreide, Holz, Teer, Wachs, Garn, Leinwand, Bernstein und Wolle ausgeführt wurden. Das neue Elbing wandte sich der Industrie zu und hat durch die weltberühmte Schichauwerft, Maschinen- und Waggonfabriken, die Zigarrenfabrik Loeser & Wolf, die Brauerei Englisch Brunnen, durch eine Autofabrik und andere Werke den Anschluß an die technische Zeit gefunden. Der Kraffohlkanal verbindet die Stadt mit dem Nogat-Weichsel-Raum und der Oberländische Seekanal mit dem ostpreußischen Süden. Eine Menge bedeutender Männer sind in Elbing geboren oder haben dort gewirkt, so der böhmische Pädagoge Amos Comenius, der Schulreformer Wilhelm Süvern, der Großindustrielle Ferdinand Schichau, der Historiker Max Töppen und der Literaturhistoriker und Schriftsteller Paul Fechter. Das Theater, das Stadtarchiv, die Stadtbibliothek, das Museum, viele Schulen, darunter die Hochschule für Lehrerbildung, mehrere Zeitungen geben ein Bild von dem rührigen geistigen Leben dieser Stadt von etwa 90 000 Einwohnern. Die Elbinger Höhen mit ihren romantischen Tälern bilden eine völlig überraschende Landschaft im Angesicht der verlandenden Seen und Strommündungen, der Moore und Sümpfe und des Frischen

Haffes. Ausflugsorte: Vogelsang, Dörbeck, Lenzen und Cadinen (siehe Bild 166) mit tausendjähriger Eiche, Klosterruine und Majolikafabrik.

181 / SUCCASE: An der Mündung des Elbingflusses, am Fuß der Dörbecker Schweiz und gleichzeitig am Haff liegt das von vielen landschaftlichen Reizen begnadete Succase oder Haffschlößchen. Es wird gern aufgesucht, besonders im Frühling, wenn die Baumblüte über die Gegend einen verträumten Zauber breitet, und im Sommer zum Baden.

182 / DER OBERLÄNDISCHE KANAL: „Schiffe rollen über Berge!" rufen Werbeplakate den Besuchern des Oberlandes zu. Es handelte sich darum, die Höhen zwischen den Seen zu überwinden, wobei der geniale Erbauer, Baurat Steenke, fünf „geneigte Ebenen" schuf, auf denen die Schiffe mittels Schienenwaggons hinübertransportiert wurden. Die Gesamtlänge des Wasserweges durch die Seen beträgt 195 km, wovon 41 km Kanal sind. Der Oberländische Kanal ist jedoch zu flach, um den heutigen Ansprüchen zu genügen und wurde in den letzten Jahrzehnten in seiner Bedeutung von der Eisenbahn überflügelt.

183—189 / MARIENBURG: Am östlichen Ufer der Nogat begann der Orden 1274 mit dem Bau der Burg, und Conrad von Tyrberch gab der Siedlung schon 1276 das kulmische Recht. Aus vielen Bränden, Belagerungen und Kriegen haben sich das Schloß, das kleine gotische Rathaus von 1360, der schmale Markt mit seinen Laubenhäusern, das Marientor und das Töpfertor bis heute erhalten. Das Schloß, das 1309 Residenz des Ritterordens wurde, ist Deutschlands größte und schönste mittelalterliche Wehranlage und der großartigste Profanbau in gotischer Backsteinarchitektur. Als der Hochmeister das Schloß zur Residenz bestimmte, das nun Festung, Kloster und Verwaltungsgebäude in einem sein mußte, wurde das Hochschloß umgebaut und die St.-Annen-Kapelle geschaffen. In ihr ruhen elf Hochmeister, unter ihnen der berühmte Heinrich von Plauen, der das Ordensreich nach der Schlacht bei Tannenberg

noch einmal retten konnte. Das goldstrahlende Marienbild an der östlichen Außenseite ist ein Mosaikrelief aus dem 14. Jahrhundert. Die ehemalige Vorburg wurde zum Mittelschloß ausgebaut und eine neue Vorburg geschaffen. Um 1400 kam dann noch der Westflügel mit dem Sommer- und Winterremter hinzu. Das Schloß befand sich von 1457 bis 1772 im Besitz Polens und wurde nach der Rückgabe auf Anregung Schenkendorfs von König Friedrich Wilhelm III. wieder hergestellt. Die Oberleitung hatte Schinkel.

Der schiffbare Nogatstrom ermöglichte der Stadt schon im Mittelalter einen bedeutsamen Handel mit landwirtschaftlichen Produkten, Holz, Kürschnerwaren, Tuchen und Wein. Die Hochmeisterresidenz belebte Handel und Verkehr außerordentlich. Das neue Marienburg ist mit seinem Hafen und Industriegelände aus den alten Mauern herausgewachsen. Südlich von Marienburg liegt Stuhm, wo ein Denkmal für den abgestürzten Segelflug-Weltmeister Ferdinand Schulz steht.

190 / SCHLOSS NEUDECK: Das bei Deutsch-Eylau liegende Schloß Neudeck wurde 1755 von Friedrich dem Großen dem verdienten Obersten Otto Friedrich von Hindenburg verliehen. Um 1800 baute Otto Ludwig von Beneckendorff und Hindenburg das alte Gutshaus, das als Muster für den ostpreußischen Gutshausbau im 19. Jahrhundert angesehen wurde: einstöckiger Putzbau unter tief herabgezogenem Mansardendach. Der Besitz geriet in der Erbfolge in die Hände verschiedener Seitenlinien des Geschlechts und wurde dem Reichspräsidenten von Hindenburg 1926 vom „Hindenburgdank" zum 80. Geburtstag geschenkt. Hindenburg errichtete 1928 an Stelle des alten Gutshauses seines Großvaters einen bewußt schlicht und würdig gehaltenen Barockbau. Hier starb er auch am 2. 8. 1934 und wurde im Gruftturm des Tannenbergdenkmals beigesetzt. Das Schloß Neudeck ist im Sommer 1945 niedergebrannt worden.

191 / SCHLOSS SCHÖNBERG: Am Haussee inmitten von Wäldern steht, zum Kreise Rosenberg gehörend, dieses feste Schloß mit seinen wehrhaften Ecktürmen und dem über eine Brücke

und durch ein Doppeltor führenden Eingang. Der Bau war 1386 schon beendet. Das Schloß gehörte in alter Zeit dem Bischof von Pomesanien und wurde dann nach der Säkularisation dem letzten Bischof, von Polenz, als Eigentum verliehen. Weitere Besitzer waren die von Eulenburg und von Schlieben, und zuletzt gehörte es den Grafen Finckenstein. Es ist das einzige noch bewohnte Schloß aus der Ordenszeit in Ostpreußen. Leider ist es im Jahre 1945 größtenteils niedergebrannt worden.

192, 193, 195 / MARIENWERDER: Auf dem östlichen Uferhang zur Weichsel gründete der Orden 1233 die Burg, die vom Bischof von Pomesanien, dem seinerzeitigen Landesherrn, um 1550 abgebrochen wurde. Dafür errichtete er das noch heute stehende Schloß, das mit seinem bekannten Danzker damals bis unmittelbar an das Weichselufer reichte. Die Domkirche wurde um die Mitte des 13. Jahrhunderts erbaut und hundert Jahre später durch einen Neubau ersetzt. Die bewegte Geschichte der Stadt zwischen Orden und Bischof, mit Besetzungen durch Schweden, Polen, Russen, mit Bränden, Seuchen und Belagerungen nahm erst ab 1772 einen ruhigeren Verlauf, wo Friedrich der Große sie zur Hauptstadt der neuen Provinz Westpreußen machte. Wirtschaftlich ermöglichte der Weichselstrom die Verschiffung von Tuchen, Getreide, Bier, Teer und Schlachtvieh, und in neuerer Zeit haben die Weichselbrücken und Eisenbahnlinien Handel und Verkehr gesteigert. Bei der Abstimmung 1920 erklärten sich 96 % der Einwohnerschaft für Deutschland. Bedeutende Männer, die in Marienwerder geboren wurden oder lebten: Paulus Speratus, der erste evangelische Bischof von Pomesanien, Otto Friedrich von der Groeben, der Gründer der brandenburgischen Kolonie Groß-Friedrichsburg in Afrika, Johann Friedrich von Domhardt, erster Kammerpräsident von Westpreußen, der General York von Wartensleben, Th. G. von Hippel, Verfasser des Aufrufes „An mein Volk" 1813, und der Schriftsteller Bogumil Goltz.

194 / SCHLOSS FINCKENSTEIN: Es wurde um 1718 vom preußischen Feldmarschall Albrecht Conrad Graf von Finckenstein erbaut, der, ein seltener Fall, der Erzieher Friedrich Wilhelms I., wie auch dessen Sohnes Friedrich des Großen war. Das Schloß sollte als Gutshaus und auch dem König auf seinen Reisen nach Ostpreußen als Absteigequartier dienen. Es ist dreiflüglig mit einem Ehrenhof erbaut. Wirtschaftsgebäude, Schule, Kirche, Beamtenhäuser, ja sogar die Vorwerke sind im gleichen Stil gehalten, so daß ein Gesamtbild von großer Einheitlichkeit entstand. Der große Park führt bis zum Gaudensee hinab. Das Innere des Schlosses hatte große Gesellschaftsräume mit wertvollem Mobiliar und bedeutenden Gemälden, eine Waffensammlung und ein Offizierszimmer mit den Bildnissen von 42 Offizieren des damaligen Regimentes Finckenstein. Das Schloß war von April bis Juni 1807 Hauptquartier Napoleons, der hier Talleyrand, Blücher und seine Geliebte, die polnische Gräfin Walewska, empfing. Das Schloß wurde am 22. 1. 1945 zerstört, wobei jedoch das Familienarchiv gerettet werden konnte. Die große Bibliothek soll sich in der heutigen Stadtbücherei von Allenstein befinden.

195 / siehe 192

196 / ROSENBERG: Das Städtchen liegt am Rosenberger See und wurde vom Domkapitel von Pomesanien 1305 gegründet. Von den Stadtmauern mit ihren 17 Türmen sind nur geringe Reste erhalten. Bei der Abstimmung 1920 fielen auf Deutschland 2430, auf Polen 8 Stimmen. Im Kreis Rosenberg soll es noch 105 Seen mit Wildschwänen geben.

197 / RIESENBURG: Zwischen dem Schloß und Mühlensee erbaute der Bischof von Pomesanien um 1330 eine Burg, nachdem eine ältere 1236 zerstört worden war. Stadtbrände, Seuchen und Kriegsereignisse haben von den Mauern nichts, von den Toren einige stehen lassen. Auch die uralte Pfarrkirche brannte 1688 ab und wurde an anderer Stelle neu erbaut. Seit Mitte des 16. Jahrhunderts wanderten Polen in die bis dahin rein deutsche Stadt ein. Abstimmungsergebnis 3321 zu

50 für Deutschland. Im Preußenwald der Luftkurort „Neue Walkmühle".

198 / DEUTSCH-EYLAU: Auf einer in den Geserichsee vorspringenden Landzunge wurde die Stadt 1305 gegründet und entwickelte sich zu einer ansehnlichen Siedlung mit Markt, Rathaus, Laubenhäusern, Stadtmauern und Türmen, wovon wenig in die Gegenwart gerettet ist. Sie hatte zuletzt etwa 14 000 Einwohner. Ein wechselvolles Schicksal gab sie in den Besitz vieler Herren. Im Jahre 1457 verkauften böhmische Söldner die Stadt sogar an die Polen, von denen sie der Orden nach neun Jahren zurückkaufte. Wirtschaftlich lebt sie in erster Linie von der ländlichen Umgebung und vom Holzhandel. In Hansdorf bei Deutsch-Eylau ist 1854 der Erfinder des Diphtherieserums Prof. Emil von Behring geboren. In neuerer Zeit ist Deutsch-Eylau zu einem Paradies für Wassersportler geworden.

199 / BROMBERG: Diese bedeutende und besonders moderne Stadt an der Brahe erhielt 1346 vom König Kasimir von Polen das Magdeburgische Stadtrecht. Als sie 1772 an Preußen fiel, war sie wirtschaftlich verarmt. Sie fand bei Friedrich dem Großen besondere Fürsorge. „Wo des alten Preußenkönigs Mühlen noch immer mahlen unsrer Heimat Brot" beginnt ein Gedicht des dort geborenen Clemens Rösler. Die evangelische Paulskirche, die katholische Pfarrkirche, der schöne Sintflutbrunnen, ein Bronzestandbild Friedrichs des Großen, ein Denkmal Kaiser Wilhelms I., das von Schinkel erbaute Regierungsgebäude am Weltzienplatz und das Stadttheater sind bemerkenswerte Bauten. Die Speicher an der Brahe, der Fischmarkt, die große Markthalle und der Wollmarkt sprechen für die wirtschaftliche Bedeutung der Stadt. Schattige Promenaden am Kanal, der Rinkauer Wald und die Wißmannshöhe sorgen für Erholung und Spaziergänge. Die Einwohnerzahl betrug bei der Abtretung an Polen 1918 etwa 60 000.

200 u. 201 / THORN: Thorn als alte Stadt und Festung, vorzugsweise am rechten Ufer der Weichsel gelegen, wurde 1231 vom Deutschen Orden gegründet und war im 14. und 15. Jahrhundert eine blühende Hanse- und Handelsstadt. Die Reste des alten Schlosses und der vorgebaute Danzker sind noch erhalten. Im Jahre 1454 begab sich die Stadt unter den Schutz des Königs von Polen. Konfessionelle Streitigkeiten führten zu dem „Thorner Blutgericht", wobei auf polnischen Befehl der Bürgermeister Rösner und neun protestantische Bürger am 7. 12. 1724 enthauptet wurden. 1789—1807 war Thorn bei Preußen, und wieder seit 1815 bis zum Ersten Weltkrieg sowie während des Zweiten Weltkrieges. Die Jakobskirche ist eine Glanzleistung der gotischen Ordensbaukunst. Dicht an der Weichsel liegt die im 13. Jahrhundert erbaute Johanniskirche mit einem Denkmal und einer Gedächtnistafel für Nikolaus Kopernikus, der hier 1543 geboren wurde. In der Mitte des Altstädtischen Marktes steht das alte Rathaus von 1259 (1703 wiederhergestellt), mit einem Brustbild des enthaupteten Bürgermeisters Rösner. Dem Rathaus gegenüber sehen wir das Bronzestandbild des Kopernikus, sein Geburtshaus steht in der Kopernikusstraße Nr. 28. Nicht weit davon die Marienkirche mit spätgotischen Chorstühlen und reich mit Holzschnitzereien verzierter Kanzel. In einer Nische befindet sich das Grabdenkmal der schwedischen Prinzessin Anna, gestorben 1625. Der bekannte Schiefe Turm ist ein Rest der mittelalterlichen Befestigung. Der Junkerhof und der Artushof sind Erinnerungen an eine glanzvolle geschichtliche und wirtschaftliche Periode der Stadt.

202 / KULMSEE: Der kleine Ort nördlich von Thorn war von 1234 bis 1824 Sitz der Bischöfe von Kulm. Die gotische Backsteinkirche aus dem 13. Jahrhundert zeigt im Inneren das von einem niederländischen Künstler hergestellte Wandgrab des Peter Kostka und bemerkenswerte spätgotische Deckenmalereien. Wirtschaftlich bemüht sich das etwa 11 000 Einwohner umfassende Städtchen vor allem um die Zuckerindustrie.

203 / KULM: Die Hauptstadt des Kulmer Landes, das der Orden sehr bald in Besitz nahm, liegt am rechten Ufer der Weichsel. Die Ordensburg ist im Jahre 1231 gegründet worden. Auf dem Markt erhebt sich das 1567—95 im Renaissancestil erbaute Rathaus, in dessen Archiv die „Kulmische Handfeste" aus dem 13. Jahrhundert aufbewahrt wird. Der Orden ersetzte bekanntlich das Magdeburger Stadtrecht durch das Kulmer Stadtrecht. Die katholische Pfarrkirche aus der ersten Hälfte des 14. Jahrhunderts ist ein gotischer Backsteinbau, der uns im Mittelschiff die zwölf Apostel, Figuren aus Stuck, zeigt. Nicht weit vom Markt steht die Gymnasialkirche, die ehemalige Franziskanerkirche, die aus dem 13. Jahrhundert stammt. Kulm ist eine landschaftlich bevorzugte Stadt, die dem Beschauer vom hohen Weichselufer einen weiten Blick über den Strom und die ganze Niederung ermöglicht. Die Bewohner, etwa 12 000, leben vom Handel mit Holz und landwirtschaftlichen Produkten und von der in den letzten Jahrzehnten emporgeblühten Maschinen- und Metallindustrie. In Kulm wurden Hermann Löns und der SPD-Vorsitzende Dr. Kurt Schumacher geboren.

204 / GRAUDENZ: Von dem um 1250 erbauten Ordensschloß steht nur noch ein 20 Meter hoher Turm, von dem man eine gute Aussicht über das Weichseltal hat. Die gewerbereiche Stadt mit etwa 50 000 Einwohnern liegt auf dem rechten Weichselufer in einer reizvollen Landschaft. Neben dem Markt sehen wir die St.-Nikolaus-Kirche, die aus dem 14. Jahrhundert stammt. Das Rathaus, in dem ehemaligen Jesuitenkolleg untergebracht, besitzt eine bemerkenswerte Sammlung von Altertümern. Im nördlichen Stadtbereich erhebt sich die Feste Courbière, die ehemalige Festung Graudenz, die der damals 74jährige General de Courbière tapfer gegen die Franzosen verteidigte. Friedrich der Große hat die Festung oft besichtigt. In einer Kasematte am Niedertor saß in den Jahren 1838/39 der Dichter Fritz Reuter gefangen, der darüber in seinem Buch „Ut mine Festungstid" berichtet. Wirtschaftlich von Bedeutung ist der landwirtschaftliche Handel aus dem weiten Pommerellen, ferner die Maschinen-, Tabak- und Schuhindustrie.

205 / MEWE: Das kleine Städtchen liegt auf dem linken Weichselufer an der Mündung der Ferse in den Strom. Etwa 1280 gelangte der Orden in den Besitz des Landes Mewe und damit des linken Weichselufers, wo er um 1300 eine Burg errichtete, eine regelmäßig quadratische Anlage mit großem Hof und einem starken Bergfried. Die Burg brannte 1921 aus und wurde notdürftig vor weiterem Verfall bewahrt. Die Stadt mit ihren etwa 5000 Einwohnern lebt von der landwirtschaftlichen Umgebung.

206 / PREUSSISCH-STARGARD: Wenn man von Mewe aus dem Oberlauf der Ferse folgt, stößt man zunächst auf Pelplin, den Sitz des Bischofs von Kulm, mit einem Dom aus dem Jahre 1276 und weiterhin auf Preußisch-Stargard mit gegen 12 000 Einwohnern, einer Stadt ohne große geschichtliche Vergangenheit, aber mit Gewerbefleiß und lebhaftem Handel, der sich durch die Bahnverbindung Berlin—Königsberg entwikkelt hat. Im Süden blauen die Kiefern der Tucheler Heide am Horizont, während nach Norden hin die weite Weichselniederung sich auftut mit der 1888—1890 erbauten sechsbogigen Dirschauer Brücke.

207—216 / DANZIG: Schon Ende des 10. Jahrhunderts erstmals erwähnt, kam die Stadt erst 1308 unter die Herrschaft des Deutschen Ordens und nahm an Bevölkerung und Reichtum, besonders seit ihrem Beitritt zur Hanse, sprunghaft zu, so daß sie bald einer der bedeutendsten Handelsplätze des Mittelalters wurde. Beim Verfall des Ordens stellte sie sich unter den Schutz des Königs von Polen, ohne dadurch ihr deutsches Gesicht oder die steigenden Handelsmöglichkeiten einzubüßen. In den Kriegen gegen England und Dänemark brachten die Danziger Schiffe, besonders unter ihrem Admiral Paul Beneke, reiche Beute heim, wozu auch das berühmte Gemälde von Memling „Das Jüngste Gericht" gehörte. Der Übertritt Danzigs zur Reformation störte das Schutzverhältnis zum katholischen Polen wenig. Die endlosen inneren Wirren Polens führten zu den Teilungen, und damit kam Danzig 1793 zu

Preußen und wurde zur Regierungshauptstadt der Provinz Westpreußen. Die Stadt ist auch die Wiege der preußisch-deutschen Kriegsmarine. Nach dem Ersten Weltkrieg wurde Danzig als Freistaat dem Völkerbund unterstellt und ging dann in einer völkerrechtlich sehr undurchsichtigen Lage mit dem ganzen deutschen Osten verloren.

Der Reichtum Danzigs ließ die Stadt zu einem glanzvollen Mittelpunkt der deutschen und europäischen Baugeschichte werden, so daß sich vom 14. Jahrhundert bis zur Barockzeit alle Baustile hier wie in einem Lehrbuch dem erstaunten Betrachter darstellten. Mittelpunkt sind der Lange Markt und die Langgasse, in deren Umkreis wir die berühmtesten Denkmäler der Danziger Geschichte und die Wahrzeichen der Stadt finden: Die 1343 gegründete Kirche St. Marien mit ihren Kunstschätzen, das Rathaus aus dem 14. Jahrhundert, um 1600 im Stil der niederländischen Renaissance umgebaut, den Artushof, das Uphagen-Haus und das Steffenshaus, das im Renaissancestil erbaute Englische Haus in der Brodbänkengasse, dann das malerische, 1444 umgebaute Krantor. Von weiteren Bauten wären zu nennen: Die Johanniskirche mit ihrem gotischen Chorgestühl, die Nikolaikirche aus dem 14. Jahrhundert mit einem großen barocken Hochaltar, die im 12. Jahrhundert gegründete Katharinenkirche mit drei bemerkenswerten Ostgiebeln und einem Glockenspiel von 37 Glocken, die Brigittenkirche und die Jakobskirche, die Trinitatiskirche mit einem reichen Westgiebel, das Franziskanerkloster, die dreischiffige St.-Peter-und-Pauls-Kirche. Außer dem Krantor sind das Hohe Tor, das Langgasser Tor, das Frauentor, das Grüne Tor, ebenso die Brücken über die Mottlau und nicht zuletzt die Speicher auf der von beiden Mottlauarmen umfaßten Speicherinsel Zeugnisse einer bedeutenden Vergangenheit. Der bekannte Neptunsbrunnen auf dem Langen Markt wurde 1633 in Augsburg gegossen. An Profanbauten aus älterer und neuerer Zeit ziehen das Zeughaus, das barocke Schöffengebäude, das Theater, das Regierungsgebäude und das Landeshaus der Provinz Westpreußen, die Reichsbank und das Provinzial-Landschaftsgebäude unsere Blicke auf sich.

Die Festungswälle, die Danzig von der Toten Weichsel bis zum Bischofsberg umschlossen, sind noch erhalten, während die der Westseite um 1896 niedergelegt wurden. Die große Hafen- und Handelsstadt hatte 1939 etwa 265 000 Einwohner und war im wesentlichen Einfuhrhafen, Garnison und Beamtenstadt. Während der Freistaatszeit mußte sie sich umstellen und wurde durch die Konkurrenz der polnischen Nachbarstadt Gdingen schwer bedrängt.

Als Stadt der Schulen, Bibliotheken und Archive, der Theater und zahlreichen Sammlungen aus ihrer ehrwürdigen Geschichte, hat sie zu allen Zeiten ein reges geistiges Leben ausgestrahlt. An bekannten Persönlichkeiten, die in Danzig lebten oder geboren wurden, wären zu nennen: Andreas Schlüter, Daniel Chodowiecki, Fahrenheit, Johanna Schopenhauer und ihr großer Sohn Arthur Schopenhauer. In St. Marien ist Martin Opitz beigesetzt. Während der Freistadtzeit haben sich der Senatspräsident Dr. Sahm, der später Oberbürgermeister von Berlin, und dessen Nachfolger, der Senatspräsident Dr. Ernst Ziehm, um die Stadt sehr verdient gemacht.

217 / ZOPPOT: An der Danziger Bucht liegen die bekannten Orte Heubude, Weichselmünde, Neufahrwasser, Westerplatte, Brösen und Zoppot. Bei Neufahrwasser mündet die Tote Weichsel in die Ostsee. Alle diese Orte waren sowohl 1939 als auch 1945 Kampfplätze und wurden größtenteils zerstört.

Zoppot ist ein internationales Seebad von etwa 20 000 Einwohnern mit einem wunderbaren Seestrand, einem Kurhaus, Kurpark, Seesteg und allen Annehmlichkeiten, die ein modernes Seebad seinen Gästen zu bieten hat. Im Norden schließt die etwa 60 Meter hohe Steilküste von Adlershorst den Blick ab. Bei klarem Wetter sieht man im Meer die Halbinsel Hela, eine noch im Werden begriffene Nehrung, die vielleicht in Jahrtausenden die Danziger Bucht in ein Haff verwandeln wird.

218 / SCHLOSS OLIVA: Im Mittelpunkt des etwa 10 000 Einwohner umfassenden Ortes südlich von Zoppot steht die 1178 gegründete Zister-

zienserabtei, die 1836 aufgehoben wurde. Die ehemalige Klosterkirche, jetzt Pfarrkirche, enthält die Grabmäler der Herzöge von Pommerellen, und im Refektorium die Brustbilder sämtlicher Äbte. Im Friedenssaal neben dem Kreuzgang wurde am 3. Mai 1660 der Friede von Oliva abgeschlossen, wodurch der Große Kurfürst souveräner Herzog von Ostpreußen wurde. Das Schloß der ehemaligen Äbte und der wunderbare Park von Oliva gehören zum mittelalterlichen Bild der Stadt. Zwischen Oliva und Danzig der langhingestreckte Vorort Danzig-Landfuhr.

219, 220 / WEHLAU: Die Kreisstadt Wehlau war berühmt durch ihre großen Pferdemärkte. Sie liegt an der Mündung der Alle in den Pregel. Schon 1339 erhielt sie das Stadtrecht. Eine Reihe altertümlicher Bauten ist zu erwähnen. Die spätgotische Stadtkirche, das Rathaus aus dem 14. Jahrhundert, das Steintor und altertümliche Speicher. Der Vertrag von Wehlau zwischen Brandenburg und Polen aus dem Jahre 1657 sicherte die Unabhängigkeit des Herzogtums Preußen.

INHALTSVERZEICHNIS UND ORTSREGISTER

Land zwischen Weichsel
und Memel Seite 5

Bildhinweise Seite 45

Abbildungen:
Allenstein 138, 139, 140
Angerburg 102
Arys-See 111
Balga 25
Bartenstein 154, 155
Bärtingsee 122
Bernsteingrube 34
Bernsteinküste 32
Beynuhnen 93
Bischofsburg 132
Bischofstein 126
Brandenburg 23
Braunsberg 156, 157
Bromberg 199
Brutsee 115
Brüsterort 33
Cadinen 166
Cranz 37, 43, 46
Dange 66
Danzig 207—216
Danziger Land 183
Darkehmen 93, 95
Deime 18
Deutsch-Eylau 198
Dünen, Wanderdünen 54, 56, 57,
58, 61
Elbing 175—181
Elche 73
Elchwerder 78
Finckenstein 194
Fischhausen 30
Frauenburg 163, 164
Friedland 21
Friedrichsgraben, Großer 86
Frische Nehrung 173 und andere
Freystadt 198a
Georgenburg 90
Georgenswalde 36
Gerdauen 92
Gilge 74
Gilgenburg 141
Goldap 99, 103, 105
Graudenz 204
Großer Friedrichsgraben 86
Großes Moosbruch 85, 87
Gumbinnen 91
Guttstadt 145a, 146
Haffwald 73

Haffwinkel 77
Heiligelinde 128
Heilsberg 152, 153
Heydekrug 75
Hohenstein 135, 136
Holm 216
Holstein 16, 24
Inse 72
Insterburg 88, 89, 90
Johannisburg 129
Kahlberg 167, 168, 169, 170
Keitelkähne 63
Kleinkuhren 33
Königsberg 1—15
Kulm 203
Kulmsee 202
Kurenboote, Kurenwimpel 41,
47, 51
Kurische Nehrung 44, 50, 52,
53, 54
Labiau 18, 20
Landsberg 148
Lankuppen 69
Liebemühl 145
Liebstadt 144
Loye 71
Lötzen 107
Lucknainen 115
Lyck 106
Marienburg 183, 184, 185, 186,
187, 188, 189
Marienwerder 192, 193, 195
Masurische Landschaft 119
Masurische Seen 112, 123 u. andere
Mehlsack 151
Memel 64, 65, 66, 67, 68
Memeldelta 71, 72, 74, 76
Mewe 205
Minge 69
Mohrungen 147
Moosbruch 85, 87
Mottlau 215
Mühlhausen 162
Narmeln 171, 172
Neidenburg 137
Neudeck 190
Neufahrwasser 217
Neukuhren 42
Nidden 59, 61, 63
Niedersee 116, 118, 120
Nikolaiken 109, 110
Nogat 183, 185
Oberländischer Kanal 182
Oliva 218

Ortelsburg 131
Osterode 143
Palmnicken 32, 34, 40
Passenheim 130
Pillau 27, 28, 29, 31
Pillau-Tief 26
Pillkallen 84
Pillkoppen 49, 55, 58
Pregel 16, 17
Preußisch-Eylau 159
Preußisch-Holland 161
Preußisch-Stargard 206
Ragnit 83
Rastenburg 108
Rauschen 38, 39
Riesenburg 197
Rominten 98
Rosenberg 196
Rossitten 56, 57, 62
Rössel 124, 125
Rußstrom 76
Samlandküste 32, 33, 35, 40
Sarkau 45
Schenkendorf 85
Schippenbeil 158
Schloß Schlobitten 160
Schönberg 191
Schwansee 115
Schwarzort 60
Seedienst Ostpreußen 29
Sensburg 127
Sommerau 191
Sorgenau 35
Spirdingsee 110, 113
Stallupönen 94
Succase 181
Tannenberg 133, 134
Tapiau 19
Tawe 70
Thorn 200, 201
Tilsit 79, 80, 81, 82
Timberkanal 86
Tolkemit 165, 166, 174
Trakehnen 96, 97
Treuburg 100, 101
Treuburger See 114
Wachtbudenberg 33
Waplitzer See 121
Wartenburg 142
Wehlau 219, 220
Weichsel 204
Wormditt 149, 150
Zinten 22
Zoppot 217

1 / KÖNIGSBERG, das Schloß von der Südseite

2 / KÖNIGSBERG, der Dom

3 / KÖNIGSBERG, Kaiser-Wilhelm-Platz

4 / KÖNIGSBERG, Segelschiff fährt durch die geöffnete Pregelbrücke

5 / KÖNIGSBERG, am Pregel, Blick auf die Speicherinsel

6 / KÖNIGSBERG, das Hundegatt, links Alte Universität

7 / KÖNIGSBERG, das Hundegatt und die Silhouette der Stadt

Oben: 8 / KÖNIGSBERG, Am Blauen Turm, Blick zum Dom   Unten: 9 / KÖNIGSBERG, das Schloß vom Pregel aus gesehen

10 / KÖNIGSBERG, der Fischmarkt am Pregel

11 / KÖNIGSBERG, Teilansicht der Stadt mit Blick zum Hundegatt

12 / KÖNIGSBERG, das Grabmal Immanuel Kants am Dom

13 / KÖNIGSBERG, der Pregel mit der Alten Universität und dem Dom

en: 14 / KÖNIGSBERG, alte Speicher in der Lastadienstraße   Unten: 15 / KÖNIGSBERG, Obstkähne auf dem Pregel, dahinter die Börse

16 / Der Pregel bei Holstein

17 / Der Pregel mit Seeschiff

18 / LABIAU, Partie an der Deime

19 / TAPIAU, in der Kirche befindet sich die Kreuzigungsgruppe von Lovis Corinth

20 / LABIAU, die Ordensburg

Oben: 21 / FRIEDLAND bei Königsberg

Unten: 22 / ZINTEN, Markt mit Rathaus

23 / BRANDENBURG, der Steintorturm

24 / HOLSTEIN, Schloß

25 / Die Ordensburg BALGA am Frischen Haff

26 / PILLAUER-TIEF, an der Mole

27 / Der Seglerhafen von PILLAU

28 / PILLAU, die Einfahrt von der Ostsee

29 / Ein Schiff des „SEEDIENST OSTPREUSSEN" im Hafen von PILLAU

30 / Hafenpartie in FISCHHAUSEN

31 / Badestrand bei PILLAU

32 / Die Bernsteinküste von PALMNICKEN

33 / SAMLANDKÜSTE, der Saumpfad von KLEINKUHREN, mit Blick auf WACHTBUDENBERG und BRÜSTERORT

34 / Bei PALMNICKEN, staatliche Bernsteingrube.
In der Blauerde ist der Bernstein enthalten.

35 / Am Strand von SORGENAU, vom Seewind gebeugte Kiefern

36 / Blick von der Steilküste auf den Strand von GEORGENSWALDE

37 / Ostseebad CRANZ, Badestrand und Hotels

38 / Ostseebad RAUSCHEN, die Strandpromenade

39 / Der Strand bei RAUSCHEN von der Venusspitze aus

40 / SAMLANDKÜSTE bei Palmnicken

41 / Kurenwimpel, das Kennzeichen der Boote

42 / NEUKUHREN, Blick von der Heinrichsschlucht auf den Hafen

43 / Kinder einer Fischerfamilie in CRANZ

46 / Boote am Strand von CRANZ

47 / Netze und Kurenboot

44 / Fischer auf der KURISCHEN NEHRUNG

45 / Fischer am Strand von SARKAU

48 / Boot, vom Fischfang zurück

49 / Boote am Landesteg von PILLKOPPEN

50 / Abendfrieden an der KURISCHEN NEHRUNG

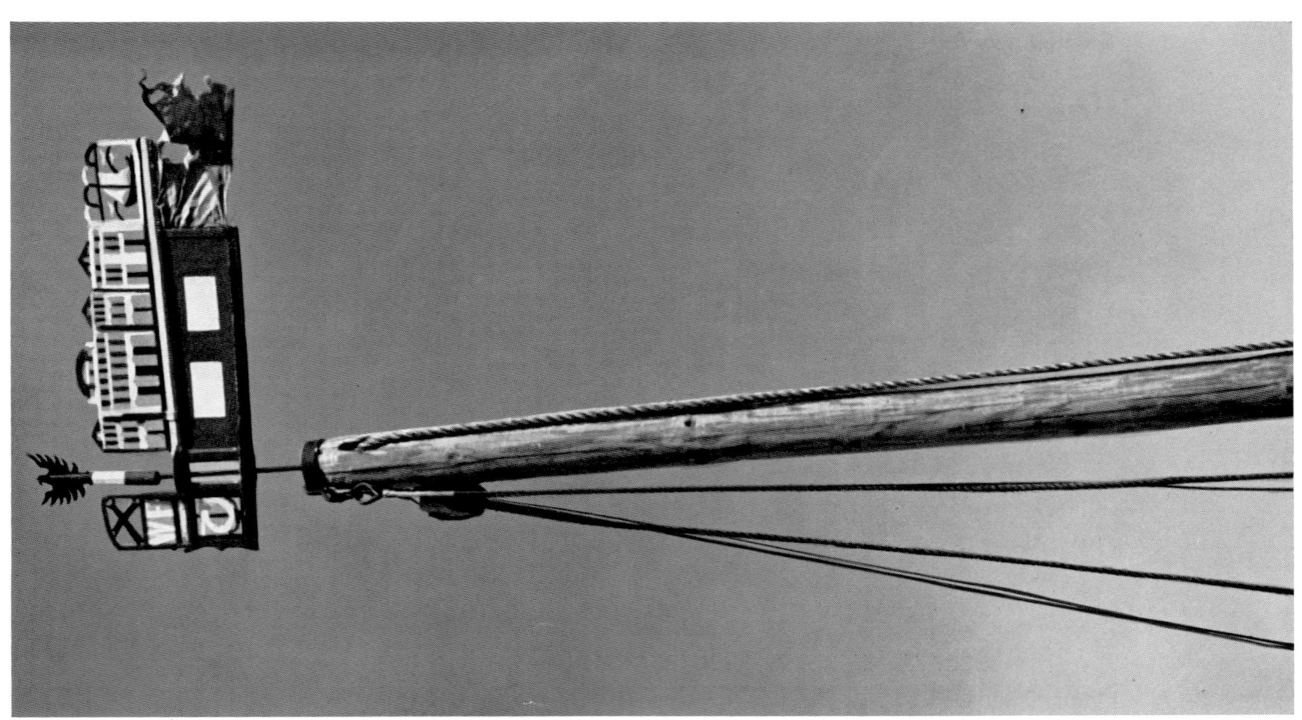

52 / Bootswinde zur Bergung der Boote

51 / Wimpel an einem kurischen Fischerboot

53 / KURISCHE NEHRUNG — wie Wäsche hängen die Flundern am Trockengerüst

54 / Wanderdünen auf der KURISCHEN NEHRUNG

55 / Küstenlandschaft bei PILLKOPPEN

56 / Segelfliegerschule auf den Dünen von ROSSITTEN

57 / Dünenlandschaft bei ROSSITTEN

58 / Dünen bei PILLKOPPEN

59 / NIDDEN, „Italienblick"

60 / Motiv aus SCHWARZORT

61 / Blick von den Dünen auf NIDDEN

62 / Hafen von ROSSITTEN

63 / Keitelkähne im Hafen von NIDDEN

64 / MEMEL, Blick auf die Stadt von der Nehrung aus

65 / MEMEL, der Winterhafen

66 / MEMEL, Schiffe auf der Dange und die Börse

Oben: 67 / MEMEL, Marktleben auf dem Neuen Markt   Unten: 68 / MEMEL, Städtisches Schauspielhaus mit dem Ännchenbrunnen

69 / LANKUPPEN, an der Minge

70 / Fischerhäuser an der TAWE

71 / Im Memeldelta, LOYE

72 / Im Memeldelta, INSE

73 / Elche im Haffwald

74 / GILGE im Memeldelta

75 / HEYDEKRUG, am Alten Markt

76 / Die (zerstörte) Petersbrücke über den Rußstrom im Memelland

Oben: *77* / Haffwinkel, Fischerboote

Unten: *78* / In ELCHWERDER (Nemonien)

79 / TILSIT, die Stadt und die Memel

80 / TILSIT, Markttag auf dem Schenkendorfplatz

81 / TILSIT, Teilansicht mit der Memel

82 / TILSIT, die Ordenskirche

83 / RAGNIT, Luftaufnahme

84 / PILLKALLEN, Luftaufnahme

Oben: 85 / SCHENKENDORF, Stintfischer im Moosbruch   Unten: 86 / Heutransport im GROSSEN FRIEDRICHSGRABEN

87 / Der TIMBERKANAL im Großen Moosbruch

88 / Die Hindenburgstraße in INSTERBURG

89 / Alter Markt und die Lutherkirche in INSTERBURG

Oben: 90 / Die GEORGENBURG bei Insterburg

Unten: 91 / GUMBINNEN, Blick auf die Stad[t]

92 / GERDAUEN, Blick auf die Stadt

93 / Schloß BEYNUHNEN bei Darkehmen

94 / STALLUPÖNEN, die Stadt mit den großen Plätzen

95 / DARKEHMEN, Luftaufnahme

96 / TRAKEHNEN, einjährige Pferde auf der Koppel

97 / TRAKEHNEN, das Pferdeparadies

98 / ROMINTEN, Jagdhaus

99 / Die Landschaft bei GOLDAP

100 / TREUBURG, der riesengroße Marktplatz

101 / TREUBURG, Abstimmungsdenkmal und Sportplatz

102 / ANGERBURG, der Marktplatz

103 / Markttag in GOLDAP

104 / Holzschuhhandel in Masuren

105 / GOLDAP, Luftaufnahme

106 / LYCK, Blick auf die Stadt

Oben: 107 / LÖTZEN, Blick zum Schloß   Unten: 108 / RASTENBURG, Gesamtansicht

109 / An der Brücke von NIKOLAIKEN,
der „Stinthengst“ mit der Krone

110 / NIKOLAIKEN am Spirdingsee

111 / Am ARYS-SEE

112 / Masurischer See

114 / Blick vom Abstimmungsdenkmal auf den TREUBURGER SEE

113 / Landschaft am SPIRDINGSEE mit Störchen

115 / LUCKNAINEN bei Nikolaiken, der Schwanen- oder Brutsee

116 / Sommertag auf dem NIEDERSEE

117 / Einer der tausend Waldseen

118 / Abendliche Fahrt über den NIEDERSEE

119 / Masurische Landschaft

120 / Am NIEDERSEE

121 / Der WAPLITZER SEE

122 / Am BÄRTINGSEE

123 / Flöße auf masurischem See

124 / RÖSSEL, Stadt mit Ordensburg

125 / RÖSSEL, die Ordensburg

126 / BISCHOFSTEIN, Luftaufnahme

127 / SENSBURG, an einem Markttag

128 / HEILIGELINDE, die barocke Wallfahrtskirche

129 / JOHANNISBURG, Marktplatz

130 / PASSENHEIM, Marktplatz

131 / ORTELSBURG, Blick zum Rathaus

132 / BISCHOFSBURG, der Markt

133 / Innenhof des Tannenbergdenkmals

134 / TANNENBERG, das Ehrenmal

135 / Landschaft bei HOHENSTEIN

136 / HOHENSTEIN, Markt mit Rathaus

137 / NEIDENBURG, Luftaufnahme

138 / ALLENSTEIN, Marktplatz und Jakobikirche, Luftaufnahme

139 / ALLENSTEIN, Blick zum Domkapitelschloß, zur Ordensburg und Jakobikirche

140 / ALLENSTEIN, der siebenstöckige Turm der Jakobikirche

Oben: 141 / GILGENBURG bei Osterode, Luftaufnahme

Unten: 142 / WARTENBURG bei Allenstein, Luftaufnahme

143 / OSTERODE, der Markt mit dem Rathaus

144 / LIEBSTADT bei Mohrungen, Luftaufnahme

Oben: 145 / LIEBEMÜHL, Bartholomäikirche und Glockenturm   Unten: 145a / GUTTSTADT, die Pfarrkirche

146 / GUTTSTADT, Flügelaltar in der Pfarrkirche

147 / MOHRUNGEN, Gesamtbild, Luftaufnahme

Oben: 148 / LANDSBERG bei Preußisch-Eylau, Luftaufnahme   Unten: 149 / WORMDITT, Luftaufnahme

150 / WORMDITT, das Rathaus

151 / MEHLSACK
bei Braunsberg, Luftaufnahme

152 / HEILSBERG, Marktplatz

153 / HEILSBERG, die Klosterstraße mit dem Hochschloß

154 / BARTENSTEIN, Gesamtbild der Stadt

155 / BARTENSTEIN, Heilsberger Tor

156 / BRAUNSBERG, die Langgasse

Oben: 157 / BRAUNSBERG, Hafenladestelle und Hanse-Speicher   Unten: 158 / SCHIPPENBEIL bei Bartenstein, Luftaufnahme

159 / PREUSSISCH-EYLAU, Luftaufnahme

160 / SCHLOSS SCHLOBITTEN bei Preußisch-Holland

161 / PREUSSISCH-HOLLAND, Gesamtbild der Stadt

162 / MÜHLHAUSEN, Kreis Preußisch-Holland, Luftaufnahme

163 / FRAUENBURG, Luftaufnahme der Stadt am Frischen Haff

164 / FRAUENBURG, die Stadt des Kopernikus

165 / Hafflandschaft mit Blick auf Tolkemit

166 / CADINEN, die Orangerie

167 / Fischerboot bei KAHLBERG

Oben: 168 / Landesteg in KAHLBERG   Unten: 169 / Der Badestrand von KAHLBERG

170 / Strandpartie auf der Frischen Nehrung bei KAHLBERG

171 / Die Ostsee bei NARMELN

172 / Das Fischerdorf NARMELN

173 / Haus auf der FRISCHEN NEHRUNG

174 / TOLKEMIT, Hafenpartie

175 / ELBING, der Hafen am Elbingfluß

176 / ELBING, am Klosterhof

177 / ELBING, am Friedrich-Wilhelm-Platz

178 / ELBING, Patrizierhäuser am Hermann-Balk-Ufer

179 / ELBING, die Speicher am Elbingfluß

180 / Landschaft bei ELBING, die Elbinger Höhen gegen das Haff

181 / Succase-Haffschlößchen

182 / Die geneigte Ebene am OBERLÄNDISCHEN KANAL, wo die Schiffe über Land fahren

183 / Blick von der MARIENBURG auf die Nogatbrücken und das Land der Freien Stadt Danzig

184 / MARIENBURG, die „Hohen Lauben", alte Patrizierhäuser am Markt

185 / MARIENBURG, Markt, Rathaus und Ordensburg

186 / DIE MARIENBURG

187 / Hof der MARIENBURG

188 / Der Rittersaal in der MARIENBURG

189 / DIE MARIENBURG, Hafen an der Nogat

190 / Schloß NEUDECK, der einstige Wohnsitz Hindenburgs

191 / Schloß SCHÖNBERG bei Sommerau

192 / MARIENWERDER, Gesamtansicht, Luftaufnahme

193 / MARIENWERDER, Dom, Kapitelschloß und Danzker

Oben: 195 / Marktplatz von MARIENWERDER   Unten: 194 / Schloß FINCKENSTEIN, Luftaufnahme

196 / ROSENBERG

197 / RIESENBURG, Markt und Wasserturm

198 / DEUTSCH-EYLAU, Blick über den See zur Stadt

198a / FREYSTADT bei Rosenberg

199 / BROMBERG, alte Pfarrkirche

200 / THORN, Johanniskirche

201 / THORN, Stadttor

202 / KULMSEE, Marktplatz

203 / KULM

204 / Die Weichsel bei GRAUDENZ

205 / MEWE, Kirche und Burg

206 / PREUSSISCH STARGARD, katholische Kirche

207 / DANZIG, der Lange Markt mit dem Rathaus

208 / DANZIG, Luftaufnahme

209 / DANZIG, Luftaufnahme von der Stadtmitte mit der Marienkirche

210 / DANZIG, das Steffens'sche Haus von 1609 am Langen Markt

211 / DANZIG, der Artushof

212 / DANZIG, die „Beischläge" in der Frauengasse

213 / DANZIG, der Stockturm aus der alten Befestigungsanlage

214 / DANZIG, an der Mottlau, Krantor und Lange Brücke

215 / DANZIG, der Hafen Holm, Luftaufnahme

216 / DANZIG, Neufahrwasser

217 / ZOPPOT, Landesteg und Kurhaus

218 / SCHLOSS OLIVA, Blick vom Schwanenteich

219 / WEHLAU, der berühmte Pferdemarkt

220 / WEHLAU, Pferde, Pferde, der Reichtum des Landes